한미 정치문화 산책

한미 정치문화 산책

초판 1쇄 인쇄 2020년 8월 10일
초판 1쇄 발행 2020년 8월 20일

저   자 김남균

펴낸이 윤관백
펴낸곳 도서출판 선인

등 록제5-77호(1998. 11. 4)
주 소 서울특별시 마포구 마포대로 4다길 4
전 화 02-718-6252
팩 스 02-718-6253
E-mail sunin72@chol.com

정 가 13,000원

ISBN 979-11-6068-394-3 03300

한미 정치문화 산책

김남균

　미국역사와 문화를 연구하고 가르친 지 어느새 수 십 년의 세월이 흘렀습니다. 미국에 대한 관심은 법학을 공부하던 학부시절에도 있었으나 본격적으로 관심을 갖고 공부하기 시작한 것은 교육대학원 시절이었습니다. 우연한 계기가 저를 미국에 대한 관심을 갖도록 이끌었습니다.

　1979년 어느 날, 자주 찾던 춘천 중고서점(경춘서점)에서 작은 책 한 권을 발견하였습니다. "United States since 1865(John A. Krout)"라는 영문원서였습니다. 영어공부를 위해 마땅한 읽을거리를 찾던 중에 우연히 헌 책들 사이에서 발견한 것이었습니다. 영어를 익히는 데 좋겠다 싶은 생각에서 가벼운 마음으로 구입해 책방을 나섰습니다. 이것이 제 미국학 공부의 시작이 될 줄은 몰랐습니다.

　미국 역사에 관해서는 왠지 잘 알고 있다고 여기던 저는 책의 첫 페이지를 읽는 순간 머리를 얻어맞는 기분이었습니다. 이전에는 전혀 들어보지도 못한 내용을 발견하였기 때문입니다. 책은 남북전쟁(Civil War)의 종식 이후를 다루고 있었습니다. 사실 제가 알고 있던 20세기 이전의 미국 역사는 독립전쟁과 남북전쟁, 아브라함 링컨 대통령 정도가 전부였습니다. 20세기 미국 역사는 우리 역사와도 밀접한 관련이 있어 대략은 알고 있었지만, 19세기 미국 역사에 대해서는 거의 아는 바가 없었습니다.

책을 통해 발견한 놀라운 사실은 남북전쟁 후 미국의 재건정책에 관한 것이었습니다. 연방정부에 대항하여 전쟁을 일으킨 남부 지도자들에 대하여 링컨 대통령이 아무런 보복조치를 취하지 않았다는 사실입니다. 거기다 60만 명의 인명 피해가 발생한 남북전쟁이었는데도 반란 주의 주민 10퍼센트만 찬성한다면 반란주를 다시 연방에 조건 없이 복귀시켜 주겠다는 링컨의 제안은 매우 충격적이었습니다.

당시 우리 사회는 반공이 모든 가치에 우선하고 있던 시절이었습니다. 베트남 전쟁의 비극적 종식이 몇 년 전 일이었고, 6.25전쟁을 체험한 세대들이 사회의 주류이던 시절이었습니다. 내전 후 캄보디아에서는 수 백 만의 인명을 살해하는 대학살극의 기억도 생생한 시절이었습니다. 세계 역사에서 반란의 대가는 대부분 가혹한 처벌로 돌아갔습니다. 그런데 남북전쟁이 끝난 후 반란의 주모자들에게조차 법적인 책임을 묻지 않았다는 것은 믿기 어려운 사실이었습니다.

이때가 바로 미국역사를 전공하기로 마음먹은 순간이었습니다. 대학원에 입학하여 전공을 고민하던 제게 분명한 목표가 생긴 것입니다. 그렇게 미국사 공부를 시작하여 강원대학교 교육

대학원에서 석사학위 논문으로 "남북전쟁 후 남부재건정책"을 썼고, 1985년 미국 유학길에 올랐습니다. 털사대학교(University of Tulsa)에서 미국사로 석사학위(MA)를, 이어서 노오스 텍사스(University of North Texas)에서 미국사로 박사학위(Ph.D.)를 받았습니다.

1998년 3월부터 평택대학교 미국학과에서 강의를 시작한지 어느 새 22년이 지났습니다. 학생들을 가르치면서 항상 강조해온 것은 우리 역사와 미국역사를 비교하며 우리가 배울 것이 무엇인지를 생각해보라는 것이었습니다. 우리에게는 미국 역사가 짧기 때문에 배울 것이 적을 것이라는 편견이 있습니다. 반만년의 길이를 자랑하는 우리 역사와 비교하면 틀린 것도 아닙니다. 그러나 민주정치의 역사를 생각하면 미국을 다시 생각해볼 수 있습니다. 1776년에 독립을 선언하고 1787년에 연방 헌법을 제정한 미국은 그때의 헌법을 지금까지 사용하고 있습니다. 그동안 27개조의 수정조항이 추가되었지만 헌법의 핵심 조항들은 원형을 그대로 유지하고 있습니다. 제정된 지 233년이 지나 어쩌면 '늙고 낡은' 헌법일 수 있지만, 미국 헌법을 전면적으로 개정하자는 주장은 찾아보기 어렵습니다. 이런 시각에서 볼 때 비록 미국과 우리는 서로 다른 역사적 발전 궤도를 밟아 왔지만, 미국 민주정치의 역사는 우리의 정치 발전을 위한 유용한 참고 자료가 될 수 있을 것입니다.

2016년 11월부터 『평택시민신문』에 "김남균 교수의 글로컬 프리즘"이라는 제명으로 칼럼을 연재하기 시작했습니다. 우리 사회에서 문제로 부각된 이슈와 비교할 수 있는 미국의 유사한 역사적 사례를 찾아 우리에게 교훈이 될 만한 내용을 추출해 내고자 하였습니다. 시작할 때는 1년 정도의 계획이었는데 신문사 관계자의 격려에 힘입어 3년이 넘기에 이르렀습니다. 그동안 졸고에 귀한 지면을 할애해 주신 신문사 관계자분들께 감사를 드립니다.

이왕 쓴 글이니 모아서 작은 책자로 만들고 싶은 욕심에 이 작은 칼럼집을 내게 되었습니다(참고로 글은 신문에 게재하였던 그대로이지만 사진은 추가한 것임을 밝힙니다). 글의 내용이나 형식이 볼품없지만 한미정치문화를 비교하는 작은 읽을거리라도 된다면 감사하겠습니다. 칼럼을 쓸 때마다 첫 독자가 되어 준 아내 한계수 박사에게 감사의 말을 전합니다. 제 글을 읽어주실 모든 분들께 진심으로 감사드립니다!

2020년 6월 25일

김남균

| 차 례 |

2017년

#

미국 대선 :
패배한 정당의 미래

2016년 7월 26일 펜실베니아 주 필라델피아에서
개최된 민주당 전당대회에서 낸시 펠로시(Nancy
Pelosi) 전 하원의장(당시)이 연설하고 있다. 미국 역
사상 여성으로 처음 하원의장을 역임(2007–2011)
한 펠로시는 2019년 하원의장에 다시 선출되었
다.(출처: https://commons.wikimedia.org)

2016년 미국 대선은 여당인 민주당의 패배로 끝났다. 선거전 중 민주당 후보 힐러리 클린턴과 야당인 공화당 후보 도널드 트럼프는 진흙탕 싸움을 벌였다. 후보자 TV토론에서도 정책대결은 모양만 있었을 뿐 내용은 상대방 후보를 흠집 내기에 급급했다. 민주 정치의 본고장으로 여겨지는 미국 민주주의가 보여준 실망스런 모습이었다. 그러나 결과가 나오자 패자는 승자에게 전화하며 성공적인 대통령이 되길 기원했다. 승자도 선거로 생긴 국내 갈등과 상처에 대한 치유를 약속했다. 격투기 선수들이 게임이 끝나 퉁퉁 부은 얼굴을 마주보며 악수를 나누는 장면과 닮았다. 죽일 듯이 싸웠으나 승부가 나면 평상으로 돌아가는 것이다. 이렇게 갈등과 통합의 미국 정치적 전통은 200년 이상 유지되고 있다.

갈등과 통합의 미국 정치의 핵심에 정당이 있다. 민주당과 공화당 양당이 그 기둥이다. 그런데 정당의 존재는 미국 정치의 아이러니이다. 우리 헌법의 정당 조항과 달리 미국 헌법에는 정당 규정이 없다. 미국 건국의 지도자들은 정당을 부정적으로 보았다. 초대 대통령 조지 워싱턴은 정당은 국론을 분열시켜 국가를 멸망으로 밀어 넣을 것이라 경고하였다. 그러나 정당은 건국 초부터 출현했다. 1800년 3대 대통령 토마스 제퍼슨은 민주공화당의 첫 대통령이 되었다. 오늘날 민주당의 전신이다. 공화당은 1854년 창당되었다. 공화당 출신 첫 대통령은 아브라함 링컨이다.

1860년 링컨 당선 이후 공화당은 1932년까지 백악관을 차지했다. 같은 시기 민주당 출신 대통령은 글로버 클리블랜드와 우드로 윌슨 뿐이었다. 긴 세월을 민주당은 야당으로 견딘 것이다. 반대로 공화당은 1932년 대선에서 민주당 후보 프랭클린 루즈벨트에게 패배한 후 1952년까지 20년 동안 야당노릇을 했다. 민주와 공화 양당 모두 수십 년 동안 야당 생활을 견디며 오늘날과 같은 양당제가 확립된 것이다.

우리 사정은 어떤가? 우리의 정당은 집권당이나 야당 모두 끝없이 당명을 바꾸어왔다. 집권당은 집권 중 혹은 집권이 끝나면 당연하다는 듯이 새로운 당으로 탈바꿈하였다. 자유당, 민주공화당, 민주정의당, 민주자유당, 신한국당, 새정치국민회의, 새천년민주당, 열린우리당, 그리고 한나라당. 야당도 마찬가지다. 많은 야당들이 이름을 바꾸어 왔다. 우리 민주정치의 역사가 1948년부터 70년이 다 되었으나 10년을 버틴 정당도 몇 안 된다.

문제는 차기 선거에서 앞의 정치 활동에 대한 정치적 책임을 질 주체가 없어지는 점이다. 정치적 책임의 주체가 사라진 상태에서 누구에게 책임을 물을 것인가? 집권당조차 집권기가 끝날 때 쯤 새로운 정당으로 당명을 바꾸며 소위 "꼬리 자르기"를 한다. 책임질 정당이 아예 사라져 버리는 것이다. 국민은 책임을 물을 주체가 없고 모든 정당이 신당인 상태에서 투표를 한다는 것이다. 우리 정치에서 책임 정치는 아예 이름조차 없는 것이다.

길고 말 많았던 미국의 대선 드라마는 끝이 났다. 집권당인 민주당은 정권을 내려놓고 야당으로 돌아가야 한다. 그러나 누구도 민주당이 해체되거나 당명을 바꾸어 새로운 정당으로 나타날 것을 예상하는 사람은 없다. 민주당은 그대로 남아 집권 공화당을 견제하며 2년 후에 있을 중간 선거를 준비할 것이다. 승자가 승리를 즐길 시간은 겨우 2년인 셈이다. 지금 우리 정치는 어떤가? 집권당이 어려우니 바로 신당론이 등장하고 있다. 우리는 언제까지 정치인들의 "꼬리 자르기" 신당 놀음을 보아야 하는가? 정치인들이 책임지는 모습을 보고 싶다.

2016. 11. 16.

# #

프레지던트(president)와
대통령

미국 사우드 다코타(South Dakota) 주 러쉬모어(Rushmore)
산에 새겨진 4인의 미국 대통령(왼쪽부터 조지 워싱턴, 토마
스 제퍼슨, 시어도어 루스벨트, 아브라함 링컨). 우리는 언제 돌산
에 얼굴을 새기고 싶은 대통령이 나올지? (출처: https://
commons.wikimedia.org)

우리 사회에서 '대통령'이란 단어가 요즘과 같이 많이 사용된 시기는 드물 것이다. 언론 보도는 물론이고 수백 만명 국민들이 수 주일째 외치고 있는 말이 대통령이다. 우리에게 대통령이란 단어는 삼권분립의 원칙 아래 존재하는 행정부의 수반이라는 의미보다 훨씬 큰 정치적 존재를 지칭하는 말로 인식된다. 법치국가임에도 불구하고 대통령은 형사상 소추조차 되지 않는 거의 초법적 존재이다. 이런 예외적 권력을 상징하는 대통령이란 단어는 미국의 '프레지던트(president)'와 같은 말로 이해된다. 그러나 과연 프레지던트와 대통령은 같은 의미의 말일까?

대통령이란 직책은 1919년 상해 임시정부 때 처음 도입되었다. 그러나 초기 몇 년을 제외하고 임시정부는 대통령 대신 국무령 혹은 주석이란 직책을 채택하면서 대통령이란 말은 폐기되었다. 대통령이란 단어가 다시 우리 제도에 등장한 것은 1948년이었다. 제헌헌법이 대통령제를 채택한 것이다. 이후 대통령이란 단어는 우리 사회에서 권력과 권위의 상징어가 되었다. 권위주의 시절 대통령이란 단어는 함부로 호칭할 수 없는 말이었다. 대통령이란 단어 뒤에는 꼭 '각하'라는 존칭을 붙여야 했다. 지금은 사정이 변하였다고 하지만, 여전히 대통령은 국민으로부터 권한을 위임받아 공무를 집행하는 공무원 중의 한 사람이 아니라 통치권을 행사하는 초법적 통치권자라는 의미가 강하다.

어원적으로 대통령은 미국의 '프레지던트'를 의역한 번역어이다. 번역어인 대통령이 처음 사용된 곳은 일본이었다. 19세기 중반 미국과 국교를 수립한 일본인들이 프레지던트를 자신들이 이해하기 쉽게 '대통령(大統領)'으로 의역하여 사용한 것이다. 이 말이 우리에게 알려진 것은 1880년대 초였다. 비슷한 시기 우리에게는 다른 번역어도 소개되었다. 1882년 체결한 조미수호통상조약에서 조선 정부는 프레지던트를 '백리이천덕(伯理爾天德)'으로 표현하고 있다. '백리이천덕'은 '프레지던트'를 중국어 발음으로 표현한 말이었다(현재 중국은 미국의 프레지던트를 '총통'으로 표현한다). 개화기 일본의 영향력이 커지면서 '대통령'이 우리 언어문화에 자리를 잡은 것이다. 일본이 해석해 준 미국 문화를 수용한 셈이다.

그렇다면 프레지던트의 일본식 번역어인 '대통령'은 정확한 번역이라고 할 수 있을까? 우선 주목할 것은 미국에서 프레지던트라는 말은 행정부의 수반인 대통령에게만 사용되지 않는다는 사실이다. '프레지던트'가 사용되는 경우는 수 없이 많다. 대학 총장, 학생회장, 사회단체장 등 크고 작은 많은 모임과 조직의 대표에게 프레지던트를 사용한다. 그러나 우리사회에서 대통령이란 단어를 사용하는 단체나 조직은 거의 없다(필자의 경험으로는 전무하다). 뿐만 아니라. 미국 대통령의 호칭도 단순하다. 초대 대통령 조지 워싱턴 이래 '미스터 프레지던트(Mr. President)'라고 간단하게 부른다. 전하, 각하, 혹은 폐하라고 번역할 수 있는 존칭은 전혀 사용되지 않았다. 법적 측면을 떠나 문화적으로 '대통령'이 곧 '프레지던트'라고 보기 어려운 점이 있다.

지금 우리 사회는 대통령제의 문제점을 지적하는 의견이 많다.

특히 대통령의 권한 범위에 대한 문제점을 지적하는 주장이 많다. 그러나 대통령제의 문제가 한두 가지 제도 보완으로 해결될지 의문이다. 대통령이란 명칭은 우리의 의식 속에 깊이 자리 잡고 있다. 단어는 그 내용을 규정하는 힘이 있다. 대통령이란 명칭을 유지하면서 그 내용을 바꾼다는 것은 쉽지 않은 일이다. 이왕 대통령제를 보완한다면 이 기회에 차라리 '대통령'이란 단어 자체를 폐기하고 다른 말로 대체할 필요가 있다.

이유는 명백하다. 제국주의 시대 일본인들이 자신들이 이해할 수 있는 수준으로 의역한 말이 대통령이었다. 이 말을 우리는 별다른 생각 없이 오늘까지 사용하고 있다. 그동안 우리 사회가 대통령제를 둘러싸고 계속 갈등을 겪는 이유도 '대통령'이라는 단어 속에 녹아 있는 일본 제국주의 시대의 정치의식과 현대 민주주의 시민의식이 충돌하는 현상은 아닌지 깊이 생각해 볼 일이다. 대통령이란 단어 대신 행정원장, 혹은 행정부장이란 명칭은 어떨까?

2016. 12. 14.

#

평택을
영어 특별시(English Capital)로!

평택안성 톨게이트를 지나면 볼 수 있는 평택시
영문 표지판 "PYEONGTAEK". 글로벌 평택시를
상징하는 듯하다. (출처: 저자 촬영)

2017년 새해가 시작되었다. 그러나 국가적으로 새 희망을 이야기해야 할 형편이 아니다. 대통령이 탄핵되어 헌법재판소의 심판을 받고 있는 어수선한 상황이다. 하지만 우리가 겪어 온 긴 역사는 이런 난국도 곧 극복될 것이고 우리의 일상이 회복될 것임을 확신시켜 준다. 새 희망과 미래를 이야기할 여지가 있는 것이다. 평택의 미래를 위하여 필자는 평택을 영어특별시(English Capital)로 만들어 갈 것을 제안하고 싶다.

평택은 우리나라에서 미군이 가장 많이 주둔하고 있는 기지도시이다. 앞으로 용산기지가 평택으로 완전히 이전해 오면 평택에 주둔하는 미군 숫자는 더욱 늘어난다. 그동안 미군기지의 평택 이전을 놓고 우여곡절도 많았다. 중앙정부는 평택의 미군기지 확장을 위한 특별법까지 제정했다. 평택은 미군부대와 뗄 수 없는 특별한 관계를 맺고 있는 것이 현실이다.

물론 평택은 미군 부대 외에도 넓은 평야와 서해안에서 가장 수심이 깊고 접안 시설이 뛰어난 항구를 가지고 있다. 평택항은 자동차 수출입 항구로 그 중요성이 증명되고 있다. 또한 평택에는 자동차 공장을 비롯하여 중요한 산업시설도 많아진 경제 신도시로 성장하고 있다. 물류도 지역의 핵심 산업으로 새로 뜨고 있다. 새로운 산업시설의 유치는 평택의 도시 경쟁력을 높여 줄 것이 틀림없다.

그러나 산업시설로 도시 경쟁력의 조건이 모두 충족되는 것은 아니다. 도시 경쟁력을 높이기 위해서는 산업시설의 증가만큼 중시 되어야 하는 것은 시민들의 삶의 질이나 행복감일 것이다. 시민의 삶의 질은 도시의 문화 수준과 교육의 질과 깊은 관계를 맺고 있다. 특히 교육 수준은 시민의 현재의 삶의 질뿐 아니라 미래까지 결정한다. 교육은 국가나 지역사회뿐 아니라 개인의 미래가 달려 있는 문제인 것이다. 교육 수준이 곧 도시의 경쟁력이다. 평택의 도시 경쟁력은 어느 정도인가?

여기서 필자는 평택의 특성을 최대한 살린 도시의 교육 경쟁력을 높이는 방안으로 평택을 영어교육의 핵심 도시, 즉 영어 특별시(EnglishCapital)로 발전시키는 방안을 제안한다. 우리 교육에서 영어가 차지하는 중요성은 여기서 논하지 않겠다. 영어는 현재 세계어라는 사실은 부인하기 어렵다. 자국어에 대한 콧대가 높기로 유명하였던 프랑스를 비롯하여 대부분의 유럽 국가들이 영어를 사회 전반에 도입한 사실은 널리 알려져 있다. 국제사회에 대해 철저하게 문을 닫고 사는 북한에서 조차 영어 습득이 출세의 수단이 되고 있는 시대이다.

기지도시는 부정적인 이미지가 크다. 정부가 특별법까지 제정한 배경이다. 국내뿐 아니라 세계적으로 거대한 미군 기지를 품고 있는 평택은 기지도시라는 이미지를 안게 될 것이다. 따라서 이런 기지도시 이미지를 영어특별시란 긍정적이고 생산적인 이미지로 만들자는 것이다. 미군에 의존하여 영어를 가르치자는 것이 아니다. 대신 평택시가 특별 재원을 마련하여 평택 시내 각

급 학교의 영어 교육에 특별한 지원 방안을 강구하자는 것이다. 중앙 정부가 제정한 특별법에 의존한 경기부양만 강조할 것이 아니라 평택의 영어교육 경쟁력 확보에 획기적인 전기를 마련하자는 것이다. 평택의 지역적 특징을 활용하여 영어교육을 대폭 강화시킴으로써 평택을 영어교육 특별시로 추진하자는 것이다. 일상에서 국제어가 통하지 않는 이름뿐인 국제도시가 아니라 국제어가 통용되는 명실상부한 국제도시로 평택이 진일보하는 방안을 마련해 보자는 것이다.

평택을 영어특별시로 만드는 것은 절대 쉬운 일이 아니다. 지역 재정이 확보되어야 하고 강력한 추진력을 가진 행정과 교육의 지도자가 필요하다. 무엇보다 주민들의 합의를 도출하는 것이 필요하다. 지역의 관련 행정과 교육기관의 협력과 합의도 필요할 것이다. 이외 많은 문제가 있을 것이다. 하지만 기지도시 평택이란 특수한 지역에 거주하는 청소년들에게 지역적 특성에 바탕을 둔 특화된 영어교육을 실시할 것을 제안한다. 이는 평택의 미래 발전을 위한 제안이다. 이를 위하여 평택시의 시민단체와 교육관계자와 행정관계자가 함께 진지하게 논의해 볼 것을 제안한다.

2017. 01. 17.

#

트럼프의 미국,
어디로 가고 있는가?

미국 45대 대통령 도널드 트럼프(Donald Trump)의
취임 선서식 (출처: 백악관)

#

트럼프의 미국,
어디로 가고 있는가?

미국 45대 대통령 도널드 트럼프(Donald Trump)의
취임 선서식 (출처: 백악관)

지난 1월 20일 45대 미국 대통령으로 취임한 도널드 트럼프는 공약 사항들을 거침없이 추진하고 있다. 취임식 당일 오바마케어라 불리던 연방의료보험제도의 시행 중단을 지시하는 행정명령을 내렸다. 오바마케어는 전임 버락 오바마 행정부의 핵심공약이자 주요업적이었다. 전임 대통령의 핵심정책을 뿌리 채 흔든 것이다.

트럼프는 이민 관련 조치들도 단행했다. 멕시코 국경에는 거대한 장벽을 설치하겠다면서 그 비용을 멕시코가 부담해야 한다고 주장했다. 심지어 멕시코에서 넘어오는 불법이민자들을 멕시코가 근절시키지 않으면 멕시코에 미군을 파견하겠다고 엄포를 놓았다. 테러의 잠재적 위험이 있다며 중동 이슬람 지역인의 입국을 거부하는 행정명령도 내렸다. 신앙을 이유로 입국을 거부하는 조치는 미국 역사상 초유의 사태였다. 신앙의 자유는 미국 헌법 수정조항 1조에 명문화되어 있다. 연방법원이 트럼프 입국거부 행정명령의 정지를 결정하기에 이르렀고, 미국 국내에서는 연일 반대 데모가 이어지고 있다.

트럼프 행정부의 새로운 정책들은 우리에게도 충격적이다. 한미자유무역협정(소위 한미FTA)을 직설적으로 비판하며 재협상의 추진을 암시하고 있다. 미국에 진출한 우리 기업들의 미국 내 투자도 대통령이 직접 나서서 압박하고 있다. 우리 기업들은 두 번 생각할 여유도 없이 즉각 투자 약속을 내놓고 있다. 트럼프 행정부의 각 부처 장관 후보자들의 상원 인준절차도 모두 끝나지 않은 상태인데, 트럼프는 세계를 충격의 도가니로 몰아넣고 있다. 대체 트럼프의 미국은 어디로 가고 있는가?

트럼프의 미국은 새로운 미국이 아니다. 오래 전 폐기되었던 미국이다. 낡은 미국이 무덤에서 부활하고 있는 것이다. 1776년 영국으로부터 독립을 선언한 미국은 유럽의 어떤 국가와도 동맹을 거부하는 고립주의 외교를 선택했다. 초대 대통령 조지 워싱턴은 임기를 마치면서 미국인들에게 미국의 미래를 위하여 고립주의 외교를 지속할 것을 신신당부하였다. 20세기 전반까지 미국은 고립주의의 길을 걸었다.

대신 19세기 미국은 국내 발전에 심혈을 기울였다. 산업혁명을 이루어내며 놀라운 속도로 경제를 발전시켰다. 대륙횡단 철도를 건설하고 석유와 철강, 전기 등 새로운 산업을 탄생시켰다. 500년 이상 걸릴 것으로 예상되던 서부 개척은 1세기 안에 끝났다. 20세기가 되자 미국은 세계 최강의 경제대국으로 떠올랐다. 세계 제조업의 25퍼센트를 생산했다.

19세기 미국은 국내 산업을 보호하기 위하여 철저한 보호무역 정책을 취했다. 20세기 초까지 미국은 산업국가 중에서 가장 높은 관세를 부과했다. 주변 남미 국가들에 대해서는 제국주의 정책을 추진했다. 영토 확장에도 힘을 쏟았다. 멕시코 전쟁으로 오늘날 캘리포니아와 애리조나 일대의 거대한 영토를 획득하였을 뿐 아니라 미서전쟁을 통해서는 필리핀은 식민지로 삼았다. 이때 하와이도 복속시켰다. 그러나 미국은 유럽 지역 문제에 대해서 여전히 고립주의를 유지했다. 대서양과 태평양이 미국을 지켜줄 것으로 믿었다. 1차 대전 때 잠깐 세계 문제에 관여하였으나 곧 고립주의로 돌아갔다. 미국이 고립주의를 탈피하게 된 결정적인 계기는 1941년 일본의 진주만 기습공격이었다.

2차 대전 후 미국의 외교정책은 완전히 바뀌었다. 세계 문제에 적극 개입했다. 러시아(구소련)와 냉전을 겪으면서 미국은 천문학적인 수준의 국방비를 지출했다. 대외 원조에도 적극적이었다. 전후 독일이나 일본이 부흥할 수 있었던 것은 미국의 원조 덕분이었다. 6.25전쟁에 미국이 참전하였던 것도 이런 정책적 변화 때문이었다. 냉전 중 미국은 경제논리보다 이념을 중시했다. 냉전은 종식되었지만 미군은 여전히 우리 한반도에 주둔하며 지역내 평화 유지의 중요한 역할을 담당하고 있다.

트럼프는 경제논리를 근거로 19세기 미국으로 유턴을 주장하고 있다. 국내 산업의 보호를 제일 목표로 내세웠다. 동맹국의 안보문제는 각 국가가 자체적으로 해결하든가 방위비를 더 부담하라는 입장이다. 멕시코 국경에는 현대판 만리장성을 쌓고 있다. 과연 미국은 19세기 미국으로 돌아갈 수 있을 것인가? 지금 기업 활동에는 국적이 사실상 없어졌다. 단적으로 한국의 삼성이나 미국의 포드사가 전통적 자국 기업은 아니다. 경제는 글로벌 단위로 이루어지고 있다. 결국 역사의 회귀는 불가능하다는 것으로 판가름이 날 것이다.

하지만 그런 결론을 얻기까지 트럼프의 막무가내 공약 추진은 계속되고 그 마찰도 이어질 것이다. 그 중 가장 염려되는 것은 경제논리를 근거로 한미동맹을 흔드는 무리한 요구이다. 현대사에서 우리와 미국은 비극을 공유했다. 1905년 태프트-카츠라 밀약은 을사늑약을 가져왔고 1949년 미군 철수는 북한의 남침을 불러왔다. 그러나 미국의 오판은 우리만의 비극으로 끝나지 않았다. 2차 대전과 6.25전쟁이 그것을 생생하게 증명하고 있다. 북한의 핵문제를 풀어야 하는 한미양국에게 건강한 한미동맹관계가 지금보다 더 중요한 순간은 없었다. 트럼프 행정부도 이것을 깊이 인식하리라 기대한다.

2017. 02. 15.

박근혜와 닉슨 :
같은 위기 다른 선택

닉슨을 사면한 것과 관련하여 1974년 10월 17일 미국 하원 법사 소위원회 청문회에 출석하여 의원들의 질문에 답변하고 있는 대통령 제럴드 포드(Gerald Ford). (출처: 미국 의회 도서관)

2017년 3월 10일, 박근혜 대통령이 헌법재판소의 탄핵심판에 의하여 파면되었다. 우리 역사상 처음으로 대통령이 탄핵되는 사태가 발생했다. 그런데 박근혜 대통령은 탄핵 전에 사임을 선택할 수 있지 않았을까? 사임하였더라도 개인의 형사 책임은 남았겠지만, 적어도 자신을 대통령으로 만들어 준 여당의 분당은 막았을 가능성이 높다. 아울러 추후 사면에 대한 명분도 더 컸을 것이다. 또한 촛불을 든 국민의 마음에 남은 상처도 적었을 것이다. 이와 비슷한 상황이 미국역사 속에서도 있었다.

1974년 닉슨 대통령은 워터게이트 스캔들로 탄핵의 위기를 맞고 있었다. 원래 워터게이트 스캔들은 묻힐 뻔한 사건이었다. 1972년 대선 중 수도 워싱턴에 소재하는 워터게이트 호텔의 민주당 선거사무실에 절도 사건이 발생했다. 범인은 현장에서 체포되었고 '단순 절도' 사건으로 마무리 되는 듯 했다. 그러나 워싱턴포스트의 밥 우드워드와 칼 번스타인 기자의 집요한 취재로 단순 절도 이상의 사건임이 드러나기 시작했다. 사건 배후에 백악관이 있었다.

닉슨은 처음부터 결백을 주장했다. 그러나 백악관이 관여했다는 증거들이 나오기 시작하면서 단순 절도사건은 미국 사회를 흔드는 정치스캔들이 되었다. 대통령 비서실장을 비롯한 백악관 참모들이 줄줄이 연행되었다. 의혹의 핵심은 대통령 닉슨의 관련 여부였다. 의회 청문회가 진행되고 스모킹 건으로 지목

되던 백악관의 녹음테이프까지 공개되었다. 그러나 닉슨이 직접 관여했다는 결정적 증거는 나오지 않았다. 심증은 있으나 물증이 없는 상태였다. 한편 당시 미국은 외교 안보적으로 곤경에 처해 있었다. 베트남전쟁에서 미국의 패배가 확실시되고 있었다. 위기 상황에도 불구하고 미국 하원은 대통령 닉슨에 대하여 탄핵을 추진하기로 결정했다.

미국의 탄핵제도는 하원에서 기소하고 상원에서 심판한다. 야당인 민주당이 하원 탄핵 가결에 필요한 과반수를 확보하고 있었다. 상원의 탄핵심판 결정에는 상원의원 3분의 2의 찬성이 필요했다. 민주당은 상원 의석 60석을 확보하고 있었고 여론도 닉슨에 매우 불리한 상황이었다. 그러나 결정적 물증도 없는 상황에서 상원의원 3분의 2가 대통령 탄핵에 찬성할지 확실하지 않았다. 당시까지 미국 역사에서 대통령이 탄핵으로 파면된 사건은 한 번도 없었다. 1868년 앤드류 존슨 대통령이 유일하게 하원에서 탄핵된 사례가 있었다. 그러나 상원 탄핵재판에서 존슨에 대한 탄핵안이 부결되었다.

1974년 워터게이트 스캔들 때도 닉슨이 끝까지 버텼으면 그 결과가 어떻게 되었을지 정확히 알 수는 없다. 상원에서 공화당 이탈표를 단속할 수 있으면 탄핵을 피할 수도 있었다. 그러나 닉슨은 의회에서 탄핵문제로 다투는 대신에 사임을 선택했다. 하원에서 탄핵안이 구체적으로 마련되기도 전에 닉슨은 백악관을 떠났다.

물론 닉슨에게는 형사 책임이 남아 있었다. 그의 참모들은 나

중에 실형을 선고받았다. 닉슨도 기소를 피할 수 없었다. 그런데 대통령으로 새로 취임한 제럴드 포드는 닉슨의 모든 형사상 책임에 대한 사면을 단행했다. 국가적 상처를 치료하자는 것이 사면 이유였다. 포드의 사면 조치는 거센 반발에 부딪혔다. 포드 대통령은 하원 청문회에 소환되어 의원들의 심문을 받았다. 그러나 세월이 흐른 후 포드의 사면조치는 재평가를 받았다. 2001년 민주당 상원의원 에드워드 케네디는 퇴임한 전직 대통령 포드에게 케네디 기념 재단의 이름으로 용기 있는 정치인상을 수여했다. 포드의 사면조치는 미국의 국익을 위하여 올바른 결정이었다고 늦게나마 긍정적인 평가를 해 준 것이다. 닉슨 역시 말년에는 원로 정치인의 대접을 받으며 여생을 누렸다.

탄핵정국에 대한 박근혜의 대처 방식은 닉슨과 달랐다. 여당 의원들까지 탈당을 불사하며 탄핵에 동참하는 상황에서도 그는 사임하지 않았다. 결과적으로 여당은 분열되었고 대통령 자신은 탄핵되었다. 공멸의 길을 선택한 셈이다. 보스와 조직이 함께 죽는 순장의 구도가 되었다. 사임을 선택하지 않은 여러 이유가 있을 것이나 보스가 결정하면 무조건 따르는 우리 정치문화가 본질적 원인으로 보인다. 우리나라는 공익이 우선되어야 하는 민주공화국이다. 탄핵이후 우리 정치에 보스의 사익보다 공익이 우선되는 새로운 정치문화가 꽃피길 기대한다.

2017. 03. 15.

#

2017년 대선의 국민경선 :
우리 정치 발전의 기폭제가 되게 하자!

1968년 민주당 전당대회에서 대통령 후보로 선출
된 휴버트 험프리(Hubert Humphrey), 그는 예비
선거를 거치지 않고 선출된 마지막 대선 후보자
였다. (출처: 미국 의회 도서관)

5월 9일은 대통령 선거일이다. 조기 대선이 확정되면서 각 당은 바빠졌다. 우선 급한 것이 후보자 결정이었다. 어떤 정당은 유권자가 후보 결정에 직접 투표로 참여하는 국민경선, 일종의 예비선거제를 채택했다. 이것은 최근 대선에 나타난 새로운 추세이다. 그동안 정당의 후보 결정은 정당의 내부 문제로 인식되었다. 유권자들도 굳이 특정 정당의 후보 결정에 관여할 의사도 없었다. 유권자들은 정당들이 제공하는 후보들 중 한 명을 선택하는 것에 익숙했다. 우리 국민은 주권을 제한적으로 행사한 것이다.

그러나 우리나라만 정당이 후보 결정을 독점하는 것은 아니다. 민주정치의 모델 역할을 한 미국도 비슷한 역사를 경험했다. 건국 초에는 정당의 소수 지도자들이 모여 후보를 결정했다. 그러나 1832년 대선 때 앤티 메이슨 당이 대선 후보자를 전당대회에서 결정한 이후 전당대회 결정 방식이 일반화되었다. 미국 정치를 주도해 온 민주당이나 공화당도 모두 전당대회에서 후보자를 결정했다. 전당대회로 후보가 결정되면서 정치적 부패가 이어졌다.

1860년 대선에서 공화당 후보가 된 아브라함 링컨조차 담합의 정치 현실을 비켜가지 못했다. 당시 공화당 후보로 가장 유력시 되던 인물은 뉴욕 주 출신의 연방 상원의원 윌리엄 시워드였다. 그는 1860년 시카고에서 개최되었던 공화당 전당대회의 1차 투표에서 1위를 차지했다. 링컨은 2위였다. 그러나 시워드는 대의원 과반수를 차지하지 못했다. 당규에 따라 2차와 3차 투표가 이어졌고 결국 링컨이 다른 후보들과 막후협상에 성공하며 후보가 될 수 있었다. 19세기 동안 미국 대부분의 선거에서 후보 결정을 둘러 싼 담합과 거래는 당연시 되었다. 전당 대회에 참여한 각 지역의 정치 보스들은 자신이 확보한 대의원 표를 거래하며 이권을 챙겼다. 대선뿐 아니라 연방 의회 선거나 여러 지방 선거에서도 마찬가지였다. 미국 정치 전체가 부패의 연결고리로 서로 물려 있었다.

20세기가 시작되면서 극심한 정치 부패를 척결해야 한다는 사회적 인식이 높아졌다. 1910년대 미국 정치의 부패를 걷어내기 위한 방안으로 예비선거가 일부 주에서 처음 실시되었다. 그러나 예비선거가 전국적 제도로 확립되는데 긴 시간이 필요했다. 1960년대 말까지도 민주와 공화 양당은 여전히 전당대회 방식으로 후보를 결정했다. 1968년 대선 때는 예비선거에 참여도 하지도 않았던 휴버트 험프리가 민주당 전당대회에서 대선 후보가 되었다. 당내 영향력이 막강하였던 현직 대통령 린든 존슨의 지원 덕분이었다. 그러자 전당대회 투표만으로 후보를 결정하는 것에 대한 강력한 비판 여론이 일어났다. 이후 예비선거에 참여하지 않은 후보자는 후보가 될 수 없다는 당규가 정해졌다. 예비선거가 후보 결정의 필수 조건이 된 것이다. 이렇게 당의 지도부보다 유권자의 선택이 중요하게 작용하게 된 예비선거가 확립된 것이 미국에서도 불과 몇 십 년 전 일이다. 지금 미국에서는 모든 선거의 후보자들을 대부분 예비선거로 결정한다.

2017년 우리 대선에서도 일종의 예비선거가 실시되었다. 2012년에 이어 두 번째 시도이다. 그러나 우리 정치는 그동안 별로 달라지지 않고 있다. 대선 예비선거만으로 우리 정치 현실이 달라질 수 없다. 다음 단계는 대선 후보뿐 아니라 모든 선거에서 예비선거로 후보를 결정하는 일이 남았다. 정당의 공천제도는 부패 정치의 온상이다. 우리 정치가 보스 정치의 구태를 면치 못하는 이유이다. 정당의 보스가 장악하고 있는 공천권은 정치적폐의 핵심이다. 보스 정치와 부패의 늪에서 우리 정치를 건져 낼 수 있는 첫 단추는 공천제의 폐지이다. 유권자가 후보 결정 단계부터 주권을 행사하는 것이 민주 원리에도 맞다. 공천권이 유권자에게 반환되어야 정당의 뿌리도 정당 보스가 아닌 유권자에게 내릴 수 있다. 건전한 정당 정치는 국민 속에서 제대로 꽃필 수 있다. 당장 내년 지방선거에서 예비선거가 전면적으로 실시되어야 한다. 대선에 도입된 예비선거가 우리 정치 발전의 새로운 기폭제가 되길 기원한다.

2017. 04. 12.

새 정부의 성공 조건 :
소통이 답이다

1984년 재선에 성공한 직후 백악관에서 연설하는
레이건 대통령
(출처: 로널드 레이건 대통령 기념 도서관)

대선이 끝났다. 그러나 국가적으로 지금부터가 더 중요하다. 국내외적으로 난제가 산적해 있다. 우선 파면된 직전 대통령의 재판이 시작될 것이다. 재판을 둘러싼 사회적 갈등의 소지는 여전히 크다. 청년 취업을 비롯한 경기 활성화도 시급한 문제다. 대외문제도 급하다. 당장 사드(THAAD)문제가 있다. 중국의 반대뿐 아니라 비용문제를 놓고 미국과도 이견이 노정되었다. 거기다 미국은 자유무역협정(Free Trade Agreement)을 재협상하자는 입장을 보이고 있다. 위안부 문제로 일본과의 관계도 원만하지 않다. 또한 북한의 핵은 어찌할 것인가?

대선의 승패는 갈렸지만 국민적 합의가 이루어진 것은 아무 것도 없다. 오히려 대선으로 갈등의 골은 더 깊어졌다. 총칼을 쓰지 않을 뿐 대선은 전쟁과 다르지 않았다. 상대방의 등에 비수를 꼽기 위한 살벌한 설전이 연일 계속되었다. 흑색선전도 난무했다. '선거전'이란 말 자체가 '전쟁'을 뜻하는 표현이다. 평화적 내전을 치른 셈이다.

그러나 대선의 승자는 점령군이 아니다. 행정부는 장악하였지만, 국가 권력은 3부로 나누어져 있다. 무엇보다 야당의 협조 없이 할 수 있는 것이 많지 않다. 과거 독재정권들은 폭력으로 야당을 억압해 문제를 해결했다. 더 이상 폭력은 용서되지 않는다. 가능하지도 않다. 야당의 협조를 얻을 유일한 방법은 소통뿐이다. 소통이 모든 것을 해결하지 못하지만 소통 없이 되는 것은 아무 것도 없는 것이 민주정치이다.

우리보다 민주정치를 먼저 경험한 미국을 살펴보면 성공한 대통령은 모두 소통에 성공했다. 최근 가장 성공한 대통령으로 평가되는 로널드 레이건 대통령의 성공 비결도 소통이었다. 그는 재임 중에 '위대한 소통자(Great Communicator)'로 불려질 만큼 소통을 중시했다. 1980년 레이건이 대통령에 당선되었을 때 미국은 국가적 난국에 처해 있었다. 베트남 전쟁의 상처와 오일쇼크의 여파로 미국의 경제와 사회는 깊은 우울증에 빠져 있었다. 워터게이트 스캔들 이후 민주당과 공화당은 서로 불신의 높은 벽을 쌓고 있었다. 거기다 러시아(구소련)와의 냉전 상황도 악화되고 있었다.

　　신임 대통령 레이건은 세 가지 핵심 공약을 추진해야 하는 정치적 과제를 안고 있었다. 규제축소, 감세, 그리고 복지개혁이었다. 모두 민주당 정부에서 추진하였던 정책과 정반대의 정책들이었다. 그런데 상원과 하원은 모두 야당인 민주당이 장악하고 있었다. 야당의 협조 없이는 개혁안의 논의조차 불가능한 형국이었다. 실제 레이건의 개혁안에 대한 민주당의 반대가 거셌다. 그러나 임기 첫해 동안 레이건은 자신의 핵심 공약을 대부분 실천할 수 있었다.

　　비결은 소통이었다. 레이건은 하원의장이던 민주당의 팁 오닐 의원을 백악관으로 초청하여 격의 없는 대화를 수시로 나누었다. 국가를 위한 혁신을 피력했다. 레이건은 20년 가까이 개혁에 대한 자신의 정치철학을 바꾼 적이 없었다. 선거용으로 급조된

공약이 아니었다. 주장의 진정성이 있었다. 또한 레이건은 의회를 직접 방문해 야당 의원들과 만났다. 당시까지 의회를 방문해 의원들을 직접 설득한 대통령은 레이건이 처음이었다. 대통령의 진정성 있는 소통에 야당의원들도 입장을 바꾸었다. 1930년대부터 시작된 민주당 정부의 진보주의 정책들이 레이건의 보수정책으로 대체되었다.

　이번 대선으로 우리 정부의 얼굴이 바뀌었다. 새 정부의 입장은 기존의 보수정부와 정반대이다. 보수정부 시절의 정책들을 새로운 정책으로 바꾸어 놓아야 하는 과제를 안고 있다. 입장이 바뀌어 이제 야당이 된 보수진영의 반대를 어떻게 극복할 것인가? 소통만이 답이다. 소통하고 또 소통하여 민주 정치의 새로운 역사가 우리 정치문화에 깊이 뿌리내리길 기원한다.

2017. 05. 10.

6.25전쟁과
사드 문제

#

1950년 1월 남한이 미국의 방위선(소위 애치슨 라인)에서 제외되었다는 발표로 북한의 도발에 '청신호'를 준 미 국무장관 딘 애치슨(Dean Acheson). 그는 1949년부터 1953년까지 미 국무장관을 지냈다. (출처: https://commons.wikimedia.org)

6.25전쟁이 없었으면 우리 역사는 어떻게 바뀌었을까? 베를린 장벽이 무너지던 1989년에 우리도 통일을 맛보지 않았을까? 아니면 러시아(구소련)가 해체되던 1990년대는 통일을 이룩하였을까? 그때도 아니었다면 김일성이 사망하던 시점에는 통일 한국이 가능하지 않았을까? 6.25전쟁만 없었다면 독일과 비슷한 시점에 우리의 통일도 불가능하지만은 않았을 것이다. 6.25전쟁은 우리의 통일을 가로 막고 있는 가장 큰 역사적 현실이다. 사실 6.25 직전까지도 남한과 북한은 비공식적으로나마 민간인 접촉이 있었다.

그러나 6.25전쟁은 모든 상황을 바꾸어 놓았다. 남한은 3일 만에 수도 서울이 함락되고 이승만 정부는 대전을 거쳐 부산으로 피난을 떠났다. 수도가 3일 만에 유린당한 사실이 말해 주듯이 남한은 전면전에 대한 준비가 전혀 되어 있지 않았다. 북한은 탱크와 중화기로 무장하고 있었다. 국군의 중심화기는 소총이 전부였다. 싸움이 될 수 없었다. 미군이 개입하여 압록강까지 북진하였으나 중국군이 개입하자 전쟁은 다시 원점으로 돌아가고 말았다. 그러는 사이 무수한 인명과 재산의 피해가 발생했다. 휴전으로 총구가 식자, 총구의 쇠보다 시린 원한이 우리의 의식에 지하수 같이 고였다.

6.25전쟁의 책임은 누구에게 있는가? 6.25전쟁은 김일성이 러시아의 조지프 스탈린에게서 무기를 원조 받아 남침한 전쟁이다. 중국의 마오쩌둥도 김일성의 남침에 동의했다. 김일성과 함께 러

시아와 중국도 남침 책임에서 벗어나기 어렵다. 그러나 공산 측에게만 책임이 있는가? 이승만 정부는 책임으로부터 자유로운가? 이승만 정부는 김일성의 남침 준비조차 제대로 파악하지 못하고 있었다. 미국도 6.25전쟁에 대한 책임에서 완전히 벗어날 수 없다. 애초 38선을 경계로 남북분단을 결정한 당사자가 미국과 러시아였다. 또한 1949년 이승만 정부가 국방력을 제대로 갖추기도 전에 미국은 주한미군을 전면 철수시켰다. 거기다 1950년 초에는 국무장관 딘 애치슨이 한국은 미국의 방위선 밖에 있다는 기자회견까지 했다. 공산 측의 엉뚱한 오해를 불러들인 것이다. 남한이나 미국 모두 다시는 뼈아픈 실책을 되풀이 하지 말아야 한다.

곧 6.25전쟁 67주년을 맞이한다. 물론 지금 우리 상황은 6.25전쟁 직전 상황과 많이 다르다. 하지만 남북한 사이의 군사적 불균형은 다르지 않다. 6.25전쟁 직전 북한은 T-34 탱크로 무장하고 있었다. T-34 탱크는 2차 대전 중 동유럽 전선에서 용맹을 떨친 첨단무기였다. 북한은 지금 우리를 핵으로 위협하고 있다. 이에 대한 자구책으로 우리는 사드(THAAD)의 도입을 결정했다. 그런데 중국이 결사반대하고 나섰다. 경제적 보복까지 단행하고 있다. 중국은 더 이상 우리의 적대국이 아니다. 하지만 사드 사태를 통해 북핵에 대한 시각이 우리와 크게 다르다는 것이 다시 확인되었다. 이러한 차이에도 불구하고 중국도 제2의 6.25전쟁은 막아야 한다는데 동의하지 않을까?

중국은 '항미원조(抗美援朝)'란 명분으로 6.25전쟁에 참전했다. 참전은 중국에게 여러 가지 위험부담이 있었다. 우선 타이완의 국민당 군대와 전투가 재연될 수 있었다. 그러나 '순망치한(脣亡齒寒)'을 주장하며 중국은 참전을 결정했다. 참전 초기에 유엔군 사령관이던 더글러스 맥아더로부터 원자폭탄의 투하까지 불사하겠다는 위협도 받았다. 참전 중 수 십만 명의 중국군이 목숨을 잃었다. 실제 미국이 핵무기를 사용하였더라면 중국 공산당은 생존하기 어려웠을 것이다. 그러나 중국은 참전하여 치열하게 싸웠다. 그 이유를 우리는 깊이 생각해야 한다.

　지금 북핵으로 한반도에 위기가 다시 높아지고 있다. 우리는 사드 배치를 본질적으로 한미 양국 사이의 문제로 인식했다. 우리에게는 꼭 필요한 조치였다. 하지만 중국의 반대에 부딪힌 것이다. 북진통일을 가로막았던 중국의 6.25 참전이 기억나는 순간이다. 이번 6월 말에 열리는 한미정상회담 때 사드는 중요한 회담 의제로 논의될 전망이다. 이러한 자리에서 한반도를 둘러싼 여러 당사국의 복잡하고 다양한 이해관계도 충분히 고려되어야 할 것이다. 양국이 6.25전쟁의 교훈을 되짚어 보며 사드 문제를 지혜롭게 해결해 가기를 기대한다.

2017. 06. 14.

개헌의 성공 조건 :
지방정부를 국민에게 반환하라!

1948년 5월 31일 제헌국회 개원식에서 연설하는 이승만 임시의장. 그는 상해임시정부 초대 대통령, 제헌국회 임시의장, 제헌국회 초대의장, 초대 대통령 및 2대 3대 대통령을 역임했다.
(출처 : 이승만 기념관)

며칠 후 제헌절을 맞는다. 이번 제헌절에는 헌법과 관련하여 정치권에서 어떤 이야기가 나올지 궁금하다. 문재인 정부는 집권 1년 내 개헌 완료를 약속해 놓았기 때문이다. 1948년 시작된 우리 헌법의 역사는 순탄하지 않았다. 초대 국회의장이었던 이승만은 대통령이 된 이후 자신이 주도하여 제정하였던 헌법을 여러 차례 개정하였다. 그 후 박정희 정부와 전두환 정부를 거치면서 우리 헌법은 마치 걸레처럼 구겨지고 찢겨졌다. 헌법에 의하여 나라가 통치된 것이 아니었다. 헌법은 통치자의 권력을 정당화시키는 수단에 불과했다. 법치가 무너졌던 시대의 어두운 자화상이다. 현재의 우리 헌법이 개정된 지 불과 30년이다. 그러나 시효가 지난 약처럼 용도 폐기의 대상이 되었다. 그렇다면 새로 나올 헌법의 성공 조건은 무엇일까?

인류 역사에서 성문 헌법이 처음 등장한 곳은 미국이었다. 1787년 미국은 연방헌법을 제정하였다. 1776년 독립을 선언한 후 1787년까지 미국의 13개 주는 각기 독립된 국가였다. 13개의 독립국가가 존재하는 상태였다. 그런데 1787년 13개 주가 연합하여 중앙정부를 창건한 것이다. 주 사이 무역에 부과되던 관세의 철폐나 공동의 안보체제 구축과 같은 현안문제의 해결이 필요했기 때문이었다. 독립전쟁으로 발생한 국채의 해결도 중요한 이유였다. 그런데 연방정부의 창건에는 이런 현안문제 보다 더 근본적 문제가 있었다.

문제의 핵심은 13개 주를 통합할 때 나타날 중앙집권적 연방 권력이었다. 영국의 중앙 집권적 왕권에 대한 거부가 미국의 독립정신이었다. 새로운 중앙정부의 창건은 논리적 자기모순이었다. 결국 강력한 중앙정부를 창건하면서 동시에 그것을 통제하기 위한 수단을 고안하여 문제를 해결했다. 해법은 권력분립이었다. 권력분립은 인류 역사상 처음 시도된 정치적 실험이었다. 그런데 권력은 본질적으로 집중을 원한다. 집중될 때 효율성이 높은 경우도 있다. 소위 집중적 통제를 의미하는 '컨트롤타워'가 상식처럼 이야기되는 경우도 많다. 그러나 권력분립에 기초한 미국 연방헌법은 현재까지 230년 동안 유지되고 있다.

그런데 미국 헌법의 권력분립을 이야기할 때 간과되는 부분이 있다. 주권(州權-states' rights)이다. 권력분립은 단순히 중앙정부를 입법부, 행정부, 사법부로 나누어 놓는 것으로 완성되지 않는다. 중앙정부를 3부로 나누어 놓는 것만큼 중요한 것이 중앙정부와 지방정부 사이의 견제이다. 미국 헌법에 나타난 권력분립의 기본 정신이다. 미국의 연방정부와 주정부는 철저하게 분리되어 서로 독립적으로 존재한다. 연방정부는 주정부에 대해 인사권을 포함하여 어떤 권한도 가지고 있지 않다. 주정부 내에도 입법부와 행정부 그리고 사법부가 모두 존재한다. 또한 주정부의 고위 책임자들은 모두 주민의 직접선거로 선출된다. 우리에게 노예문제가 원인으로 알려져 있는 남북전쟁도 사실은 연방정부와 주정부의 권한 다툼이 핵심 원인이었다. 노예제에 대한 최종 결정권은 주의 고유한 권한이라는 것이 남부 주들의 주장이었다. 주권재민의 민주원칙이 실질적으로 실천될 수 있는 곳은 주민이 의사결정에 직접 참여할 수 있는 지방이다.

우리의 지방 정부는 어떤가? 자치가 가장 필요한 동이나 면은 상위 행정기관의 하부 조직에 불과하다. 시와 군이나 도 수준에서도 재정권과 인사권이 완전히 보장되지 않고 있다. 거기다 지방의 사법권에 대한 권한은 개념조차 없다. 도 법원이나 시 법원은 우리에게는 불가능한 개념일까? 미국에서는 50개 주 중 30개 이상의 주에서 주민이 주 법원의 판사를 직접 투표로 선출하고 있다. 사법부도 국민의 통제를 받을 때 주권재민의 원칙이 제대로 작동하는 것이다. 사법권 독립은 국민적 통제의 부재를 의미하지는 않는다.

최근 여당과 야당이 모두 개헌을 주장하고 있다. 정치권의 주장에 따르면 개헌이 불가피한 상황이다. 이왕 개헌할 것이면 100년 이상 갈 수 있는 개헌안이 나오길 기대한다. 230년을 견딘 미국 헌법은 중앙과 지방의 권력분립이 민주정치의 또 다른 성공의 요체임을 증명하고 있다. 개헌안을 만들면서 반드시 주목할 부분이다. 단순히 중앙정부의 권력분립만으로 제대로 된 민주정치가 실현될 수 없다. 우리 정치도 중앙정부에 예속된 지방정부의 권한을 국민에게 돌려 줄 때가 되었다. 민주정치의 뿌리는 지방이다. 모든 권력은 국민으로부터 나오고 그 권력의 행사는 지방에서 시작되어야 한다.

2017. 07. 12.

다문화 시대의 광복절 :
'피'보다 '가치'가 중요하다

아프리카계 미국인이 '유색인용'표시가 된 식수대
에서 물을 마시고 있다. (출처: 미국 의회 도서관)

어제는 72주년 광복절이었다. 1945년 8월 15일은 식민 통치로부터 우리 민족이 해방된 날이면서 동시에 세계사적으로 제2차 세계대전이 종식된 날이다. 2차 대전은 인류가 겪은 최악의 전쟁이었다. 전사자가 5천만 명이 넘었다. 대전의 원인은 무엇이었을까? 배타적 인종주의가 가장 큰 원인이었다. 1939년 2차 대전 발발의 장본인이었던 아돌프 히틀러는 게르만 민족이 가장 우수한 인종이라고 믿었다. 우수한 인종이 열등한 인종을 지배하는 것을 당연시했다. 게르만 민족의 번영을 위해서 넓은 러시아 대륙의 정복에 나섰다. 그의 최종 목표는 러시아를 독일인의 생활터전으로 만드는 것이었다. 유태인뿐 아니라 러시아인들도 모두 말살의 대상이었다.

아시아에서는 일본이 유럽의 히틀러보다 먼저 침략전쟁을 일삼고 있었다. 1941년 진주만 기습으로 전쟁이 확대되기 훨씬 전 일본은 이미 청일전쟁을 시작으로 쉼 없이 침략전쟁을 이어갔다. 그 과정에서 타이완은 1895년에 일본의 식민지가 되었고 우리도 1910년에 합병되고 말았다. 일본식민주의자들도 히틀러와 같은 인종주의를 가지고 있었다. 그들은 일본의 번영을 위하여 한반도와 아시아 대륙을 정복하길 원했다. 일본은 백인우월주의에 대항하여 대동아공영(大東亞共榮)을 외쳤지만, 위계에 지나지 않았다. 탈아입구(脫亞入歐)를 꿈꾸던 일본은 같은 아시아인을 식민지 노예로 만들었다. 2차 대전은 인종주의자와 그에 대항하는 인류의 저항전쟁이었다.

72년 전 2차 대전의 총성이 멈추자, 인종주의는 급락했다. 패전국의 지도자들은 전범재판을 받았고, 식민지는 모두 잃었다. 승전국이던 프랑스와 영국도 점차 식민지들을 포기했다. 승전을 이끈 미국조차 변화를 비켜가지 못했다. 식민지 문제 대신 미국은 국내 인종문제를 안고 있었다. 남북전쟁으로 노예제는 폐지되었지만, 미국은 흑인과 백인이 철저하게 분리된 인종차별사회였다. 흑인과 백인은 학교나 식당을 비롯해 모든 공공시설에서 분리되었다. 2차 대전 중에 흑인과 백인은 같은 부대에 소속될 수도 없었다. 2차 대전이 끝나자 미국의 인종차별정책은 더 이상 유지될 수 없었다. 6.25전쟁 참전 때부터 백인과 흑인은 같은 소대에 배치되었고, 1954년 브라운 판결과 1964년 민권법의 제정으로 인종차별은 법적으로 사라졌다. 오히려 소수자인 흑인에 대한 우대정책이 실시되고 있다. 물론 인종문제가 완전히 사라진 것은 아니다. 하지만 2차 대전 후 미국의 인종정책은 근본적인 변화를 겪은 것이다.

우리사회는 어떤가? 우리에게는 단군신화가 있다. 같은 조상의 후예들이라는 신화 덕분에 우리에게는 인종적 갈등은 거의 없었다. 대신 혈연의 뿌리를 증명하는 족보는 생명만큼 중요했고 가족, 문중, 민족은 최고의 가치를 담고 있었다. 국가가 사라진 일제 강점기에는 항일투쟁을 하면서 민족의 사회적 의미가 더욱 강해졌다. 민족이 정의의 기준이 되었다. 그런 상황에서 광복을 맞았던 것이다.

그런데 지난 72년 동안 우리 민족은 급격한 변화를 겪었다. 하나였던 민족은 두 동강이 났고, 남북한의 삶의 방식도 달라졌다. 극도의 폐쇄사회인 북한과 달리 남한은 단일민족사회에서 다인종사회로 바뀌고 있다. 매년 수만 명의 외국인들이 결혼 이민을 선택하고 있으며 국내 거주 외국인과 순수 귀화인도 기하급수적으로 늘고 있다. '우리민족' 혹은 '단군의 후예'란 단어로 포용할 수 없는 우리 사회의 구성원이 급격히 늘고 있는 것이다. 이들 '우리'의 새로운 구성원들에게 광복절은 어떤 의미일까? 다문화 시대에는 '우리민족'이란 단어 자체가 배타성의 상징이 되어 그들의 마음을 아프게 하는 것은 아닐까? 광복절과 같은 국가 기념일은 '민족' 대신 인류의 보편적 '가치'가 강조될 때 새로운 공동체의 존립 기반이 강화되지 않을까?

결론적으로 지금의 광복절은 일제로부터 '민족'이 해방된 기념일임을 넘어서서 인종주의를 신봉하던 식민세력이 멸망하고 만민평등의 보편적 '가치'가 회복된 날로 재인식하자는 것이다. '민족'보다 '가치'를 중시할 때 독립운동은 인류의 보편적 가치를 위한 투쟁이 된다. 뿐만 아니라 관습적으로 간직해 온 이질적 요소에 대한 차별적 편견을 극복하고 다문화 사회를 실현할 수 있는 역사적 근거도 찾을 수 있다. 우리사회는 여러 민족이 함께 사는 다문화 사회를 지향하고 있다. 광복절도 사회 구성원 모두의 기념일로 될 수 있어야 한다. '피'보다 '가치'가 중요한 시대이다.

2017. 08. 16.

# #

전면 개헌 가능할 것인가? :
원 포인트 개헌이 답이다

조지 매튜스(George Matthews)가 그린 패트릭 헨리 (Patrick Henry)의 초상화, 1891년 작품(출처: https:// commons. wikimedia.org). 패트릭 헨리는 1788년 연방 헌법에 대한 버지니아 주 헌법 비준 회의에서 강력 한 반대 주장을 폄으로써 연방헌법의 제1차 수정 약속을 이끌어내는데 중요한 역할을 했다.

현행 헌법이 시행된 지 30년이 되었다. 그동안 꾸준히 개헌의 필요성에 대한 주장이 있었다. 그러나 번번이 소수 세력의 주장으로 그치고 말았다. 이번에는 대통령까지 나서서 내년 지방선거 때 개헌을 약속했다. 국회의장도 적극 나서서 개헌을 추진하고 있다. 언론에 보도된 일정대로라면 내년 지방 선거 전에는 개헌안이 나올 것으로 전망된다.

그러나 내년 개헌이 가능할지 의구심이 든다. 내년 봄쯤으로 예상되는 지방 선거까지 시간이 많지 않다. 지금쯤 개헌안의 초안이라도 모습을 보일 때이나, 무슨 조항을 어떻게 바꾼다는 것인지 전혀 알 수 없다. 헌법을 개정하는 것이라면 개헌론이 등장하는 단계에서 이미 바꿀 헌법 조항에 대한 국민적 합의가 있어야 한다. 그 다음 문제가 되는 조항을 어떻게 바꿀 것인지에 대한 국민적 논의가 필요한 것이 개헌 절차일 것이다. 그런데 우리는 무슨 조항을 개정할 것인지 그 개정 대상에 대한 합의도 없는 상태로 보인다. 이런 상태에서 내년 개헌이 가능할까?

개헌은 본질적으로 어려운 과제이다. 거기다 여야 정당의 현재와 같은 대치국면 상황에서 각 정당의 의견이 조율된 개헌안이 나올 수 있을까? 새 대통령이 취임한지 여러 달이 지났지만 장관조차도 모두 임명되지 못한 상황이다. 현실적으로 우리 정치의 대대적 개편이 뒤따를 전면적인 개헌이 불가능해 보이는 이유이다. 그렇다면 현실적인 대안은 무엇인가? 그것은 원 포인트, 즉 조항 1개의 개헌이다.

원 포인트 개헌에 성공한 대표적인 나라가 미국이다. 미국 헌법은 1787년에 제정되어 오늘까지 230년의 역사를 가지고 있다. 그러나 개정의 역사도 그만큼 된다. 제정 및 비준 과정부터 미국 헌법은 난항을 겪었다. 제헌위원회에서 13개 주의 의견을 조율하여 겨우 헌법안을 마련했으나, 비준 과정에서 더 큰 난관에 부딪쳤다. 인권조항의 부재 때문이었다. 미국헌법 초안에는 개인의 인권조항이 전혀 없었다. 이것이 각 주에서 헌법을 비준하는 과정에서 문제가 되었다. 결국 비준 후 인권조항을 추가한다는 조건으로 비준에 겨우 성공할 수 있었다. 약속대로 연방 정부가 구성된 직후인 1791년에 10개조의 인권조항(권리장전)이 추가되었다. 권리장전의 추가는 첫 헌법 수정이면서 동시에 미국 헌법사에서 유일하게 원 포인트 개헌의 예외 사례였다.

그 후 1992년에 수정된 수정조항 27조까지 미국 헌법은 수정조항을 1개 조항씩 추가하는 방식으로 시대에 맞게 헌법을 보완해 왔다. 몇 가지 예를 들어 보자. 1800년 대통령 선거제도에 문제가 발생하자 1804년 대통령 선거 방식만 수정하는 수정조항 12조를 추가했다. 1865년에는 노예제도를 법적으로 완전히 폐지하기 위하여 수정조항 13조를 추가하였다. 수정조항 12조가 추가된 후 61년 만이었다. 수정조항을 다시 수정한 경우도 있었다. 1919년 미국은 금주법을 실시하기 위해 헌법 수정조항 18조를 추가했다. 그러나 1933년 금주가 현실적으로 불가능하다는 것이 밝혀지자 미국은 수정조항 18조를 폐지하는 수정조항 21조를 추가했다. 금주조항을 폐지하는 수정조항을 추가한 것이다. 이 같은 원 포인트 개정 방식으로 미국은 헌법을 조금씩 보완하며 230년 동안 같은 헌법을 유지했다. 그 결과 안정적인 정치 발전이 가능했다.

1948년 처음 제정된 우리 헌법에도 부분 수정의 역사가 있다. 이승만 정부와 박정희 정부 때 대통령 선거 방식과 중임제도 수정을 위한 몇 차례 개헌(소위 발췌개헌, 사사오입개헌, 3선 개헌)이 그런 경우였다. 그 외에는 대부분 권력자가 중심이 되어 전면적인 개헌을 실시했다. 우리 개헌의 역사에서 가장 아쉬운 점은 개헌 과정에 국민이 제외되었다는 점이다. 국민의 참여는 형식에 불과했고 대부분 밀실에서 추진된 권력자에 의한 권력자를 위한 개헌이었다. 우리 헌법의 부끄러운 민낯이다.

모든 법은 시대가 바뀌면 개정을 필요로 한다. 헌법도 예외는 아니다. 그러나 헌법과 관련된 문제는 일거에 해결될 수 있는 것이 아니다. 모든 헌법조항은 국민생활의 전반과 깊이 관련되어 있다. 역사 발전에는 도약이 없다. 단지 점진적 발전이 있을 뿐이다. 1회 개정에 1조항의 개정이 답이다. 국민 생활의 근간을 한꺼번에 흔드는 전면개헌은 이제 그만해야 한다. 국민이 배제된 밀실거래는 더욱 안 된다. 이제 그 원 포인트를 무엇으로 할지 논의하자.

2017. 10. 11.

# #

진주만 교훈과
한반도 평화

1942년 12월 7일 미국 해군 함정 애리조나(USS
Arizona)호가 일본군의 기습공격을 받고 있는 모습
(출처: 미국 국립문서보관소)

12월 7일(미국시간)은 진주만 기습 76주년이었다. 1941년 12월 7일(미국시간) 이른 아침, 하와이 진주만은 날벼락을 당했다. 일본의 기습공격에 진주만에 정박하고 있던 미국의 태평양 함대의 주력함들이 파괴되었다. 2천명이 넘는 인명피해도 있었다. 그 시각 워싱턴은 점심시간이 넘은 한낮이었다. 이튿날 의회에 출석한 대통령 프랭클린 루즈벨트는 일본으로부터 기습 공격을 받은 것이 미국에게는 "치욕(infamy)"이라고 보고했다. 즉각 선전포고안이 의회를 통과했고, 미국은 본격적으로 2차 세계대전에 개입했다.

기습공격이었지만 진주만 공격은 예상된 일이었다. 워싱턴 지도자들은 일본이 미국을 공격할 것으로 예상하고 있었다. 그러나 그 공격 장소를 대부분 필리핀으로 예상하였다. 하와이가 공격 예상지역이 아니었다는 점에서 '기습'이라는 표현이 틀렸다고는 할 수 없다. 거기다 공격을 시작한 후에 일본이 미국에 대해 전쟁을 선언하였다는 사실도 '기습'이라는 표현을 뒷받침하는 근거가 된다. 하지만 전쟁 자체는 피할 수 없다는 것이 미국 지도층의 인식이었다.

그렇다면 일본의 공격은 왜 예상된 일이었는가? 미국은 일본의 팽창주의를 어느 정도 인정하고 있었다. 1905년 태프트-카츠라 밀약이 대표적인 사례였다. 그러나 1931년 일본이 만주사변을 일으키자 당시 국무장관이던 헨리 스팀슨은 소위 '스팀슨 독트린(Stimson Doctrine)'을 발표하면서 일본의 대륙 침략에 대한 반대의

사를 분명히 밝혔다. 일본은 미국의 반대를 무시했다. 1937년에는 중일전쟁을 일으키며 중국 본토까지 점령하기 시작했다. 미국의 문호개방정책에 대한 정면 도전이었다.

미국은 일본의 전쟁확대에 경제제재로 대응했다. 1940년 7월 미국은 일본에 대한 군수용 원자재의 수출금지를 발표하면서 본격적으로 경제제재 조치를 강화하기 시작했다. 그러나 일본은 대동아공영권을 주장하면서 침략전쟁을 더욱 확대해 나갔다. 일본이 인도차이나까지 침략하자 1941년 7월 미국은 석유수출 금지와 미국 내 일본재산 동결이라는 강력한 제제 카드를 내놓았다. 당시 일본은 필요한 석유의 거의 90퍼센트를 미국으로부터 수입하고 있었다.

석유수출 금지조치에 다급해진 일본은 미국과 마지막 협상을 시도했다. 일본은 인도차이나에서 철군을 약속하면서 대신 미국에게 석유의 수출재개를 포함한 경제적 제제의 해제를 요구했다. 그러나 미국은 한반도를 제외하고 일본이 무력으로 점령한 모든 지역에서 철수할 것을 요구했다. 중국에 대한 문호개방정책은 미국이 아시아에서 절대로 양보할 수 없는 기본정책이었다. 군지도자들에 좌우되던 일본도 전쟁을 치루면서 확보한 영토를 그냥 내줄 수도 없었다. 결국 미국과 일본은 무력충돌을 피하지 못했고, 결과는 군국주의 일본의 패망이었다. 미군의 무수한 공습에 핵폭탄까지 투하된 일본에는 2차 대전 중 약 300만 명이 목숨을 잃었다.

진주만 기습은 오늘날 한반도 상황을 깊이 생각하게 한다. 미국은 한반도 비핵화를 외교원칙으로 내놓고 있다. 핵 확산 금지는 한반도뿐 아니라 세계 거의 모든 나라들에 대한 미국의 핵심적인 대외정책이다. 핵 확산은 미국에게 협상의 대상이 아니다. 한편 북한은 핵보유국의 지위를 요구하고 있다. 양측의 주장에 양보의 여지가 없다는 측면에서 76년 전 미일충돌과 닮은 부분이 있다. 침략으로 영토를 늘려왔던 일본군국주의자들과 마찬가지로 북한도 개발해 온 핵을 쉽게 포기할리 없다. 그러나 북한은 일본의 비극을 기억해야 한다. 우리 정부나 미국도 파국을 방지할 수 있는 획기적인 해결 방안을 찾아낼 수 있기를 간절히 바란다.

2017. 12. 13.

2018년

# #
촛불혁명과 미국독립혁명 :
시위가 혁명이 되려면

촛불을 든 시민들이 광화문 앞에 운집해 있다.
(출처: https://commons.wikimedia.org)

새로운 해가 밝았다. 국민들이 촛불을 들고 광장으로 뛰어 나온 지 일 년이 넘었다. 그동안 대통령이 새로 뽑혔고 여야의 정치적 지위가 바뀌었다. 과거 정부의 주요 인사들이 줄줄이 구속되었고 관련 사건들에 대한 재판은 진행 중이다. 국정농단의 실체적 진실이 무엇인지 정확하게 밝혀진 것은 없다. 그동안 촛불이 우리 사회에 어떤 변화를 가져 왔는지도 분명하지 않다. 대형 사건과 사고는 여전히 반복되고 있다. 대통령 탄핵 직후 정당의 이름이 바뀌었고 변화를 외치는 구호는 요란하였으나 결과는 미미하다. 우리 사회의 본질적 변화는 보이지 않는다. 이런 가운데 올 2018년 봄에는 지방선거가 있다. 벌써부터 선거에 대한 열기가 뜨겁다. 이번 지방선거에서는 우리는 새로운 정치문화를 경험할 수 있을 것인가?

혁명의 가장 성공적인 사례는 1776년 미국독립혁명이었다. 비슷한 시기에 있었던 1789년 프랑스혁명은 반쪽짜리 성공이었다. 프랑스 혁명은 구체제를 타도하는데 성공하였으나 새로운 질서를 성공적으로 구축하지 못 했다. 프랑스 혁명 후에도 독재정치가 여러 번 되풀이 되었다. 그러나 미국은 독립혁명에 성공한 후 독재자가 정권을 잡거나 헌정이 중단된 역사가 없었다. 가장 오래 된 성문헌법을 지금도 유지하고 있다. 미국 혁명의 성공 비결은 무엇이었을까?

미국독립혁명은 흔히 자유를 위한 투쟁으로 알려져 있다. 혁명 지도자였던 패트릭 헨리는 '자유가 아니면 죽음을 달라'고 외쳤다. 미국독립선언문에 자유라는 단어가 나타나 있고 독립 지도자들이 자유를 강조한 것은 사실이다. 그러나 미국독립혁명의 기본 이념이 자유가 전부는 아니었다. 혁명을 뒷받침하는 더 중요한 이념이 있었다. 미덕(virtue)의 정치, 즉 공익(public interest)을 우선시하는 공화주의(Republicanism)였다. 개인의 사적 이익보다 공적 이익을 강조하는 공화주의가 미국 독립혁명의 이념적 기반이었다.

실제로 미국독립선언문을 읽어보면 가장 많은 부분을 차지하는 것은 자유나 평등에 대한 주장이 아니다. 영국 왕의 실정에 대한 고발이다. 왕정의 정치적 부패를 비판하는 것이 독립선언문의 대부분을 차지한다. 왕이 지배하는 영국은 왕의 이익을 우선시하기 때문에 부패할 수밖에 없다는 것이 혁명의 논리였다. 부패한 영국 왕정을 떠나 국민이 주인이 되는 공화국을 만드는 것이 미국혁명의 최종 목적이었다. 독립 후 만든 헌법에는 정치적 부패를 방지하기 위한 권력통제 장치가 미국 정부 조직의 전반에 깔려 있다. 미국혁명이 성공한 이유는 공익을 우선시 하는 미덕의 정치사상과 미덕의 정치를 실현하기 위한 견제와 균형의 권력분립의 원리가 서로 조응관계를 이루고 있기 때문이다.

우리사회가 촛불을 든 핵심 이유도 정치적 부패였다. 국정의 최고 책임자가 공익보다 사익을 추구한다는 보도에 민심은 폭발했다. 당사자인 대통령은 탄핵되었고 여당조차 정치지도에서 사라졌다. 부패에 대한 국민적 심판의 결과였다. 그러나 촛불을 든 국민이 원하던 것이 대통령에 대한 심판이 전부였을까? 그렇다면 촛불시위는 성공한 하나의 정치적 사건에 불과하다. 그러나 많은 국민은 촛불시위가 우리 사회를 근본적으로 변화시키는 혁명이 되기를 원했을 것이다. 우리 사회의 본질적 변화가 필요한 것이다. 우선 2018년 지방선거에 국민은 새로운 정치를 기대한다. 구체적인 개혁 대상으로 공천제도가 있다. 당권을 잡은 보스가 후보를 결정하는 상명하복식의 공천제도는 완전히 폐기되어야 한다. 국민은 '미덕(virtue)'의 지도자를 직접 선택할 수 있기를 원한다. 공익을 우선시하는 미덕의 정치인이 후보가 되고 또 당선될 때 촛불시위는 촛불혁명으로 한 걸음 더 나갈 수 있을 것이다.

2018. 01. 10.

개헌만큼 중요한 것 :
새 포도주는 누가 준비하는가?

미국 초대 대통령 조지 워싱턴(George Washington)
초상화. 길버트 스튜어트의 1796년 작품.
(출처 : https:// commons. wikimedia.org)

2월 셋째 월요일은 미국에서 '대통령의 날(President's Day)'이다. 대통령의 날은 단순한 기념일이 아니라 연방 정부에서 제정한 법정 공휴일이다. 우체국을 제외한 모든 관공서는 업무를 보지 않는다. 다른 공휴일과 마찬가지로 판매업계에서는 공휴일 특수를 즐긴다. 미국사회의 정치문화를 잘 보여주는 한 가지 사례이다.

그렇다면 미국 대통령제는 완벽한 제도인가? 1960년대 말 베트남 전쟁을 경험하면서 대통령 권한남용에 대한 비판적 시각이 생겼다. 하버드대 역사학 교수였던 아더 슐래진저(Arthur M. Schlesinger, Jr.)는 1973년에 출간한 『제왕적 대통령제(Imperial Presidency)』라는 저서에서 20세기 미국 대통령의 권한 행사가 헌법에 규정된 범위를 넘어섰다고 비판했다. 지금도 '제왕적 대통령제'라는 말은 대통령제의 병폐를 지적하는 표현으로 널리 사용되고 있다. 사실 미국 대통령 중에 수준 이하로 평가되는 대통령도 여러 명 있다. 리처드 닉슨 대통령은 워터게이트로 사임까지 했다. 그러나 대통령에 관한 헌법 조문은 그대로 유지되고 있다. 최근 도널드 트럼프 대통령에 대한 비판 여론이 높지만 대통령제 자체에 대한 비판은 거의 없다. 대통령제에 대한 국민적 합의가 견고한 것이다.

지금 우리나라는 대통령제를 바꾸자는 주장이 많다. '제왕적' 대통령제 때문에 우리 정치가 발전할 수 없다는 것이다. 대안으로 '분권형' 대통령제를 주장하는 목소리도 있다. 불행한 우리의 정치사를 생각하면 '제왕적' 대통령제를 바꾸자는 주장에 일리가 없는 것은 아니다. 그러나 분권형 대통령제를 채택하면 우리 정치문화가 근본적으로 변화할 수 있을까? 정치 발전의 핵심 주체는 제도가 아니라 사람이다. 무엇보다 정치인들이 만들어 가는 정치권의 정치문화가 모든 것을 결정한다. 우리 정치사는 권력을 잡은 정치인이 자신에게 맞추어 제도를 수정한 역사이다. 국민을 위한 제도가 아니라 정치인을 위한 제도를 만들어 온 셈이다. 해방 후 거의 70년 동안 대통령제를 채택하고 있으나 대통령제에 대한 국민적 합의가 부족한 이유이다.

여기서 미국은 어떻게 소위 '제왕적' 대통령을 기념하는 '대통령의 날'까지 제정했는지 살펴보기로 한다. 원래 대통령의 날은 초대 대통령 조지 워싱턴의 생일을 기념하여 19세기 후반에 시작되었다. 워싱턴의 생일은 2월 22일이다. 명칭도 대통령의 날이 아니라 '워싱턴 생일(Washington's Birthday)'이었다. 그런데 1971년부터 워싱턴뿐 아니라 2월 12일이 생일인 링컨 대통령도 함께 기념하자는 취지에서 2월 셋째 월요일이 대통령의 날로 지정되었다. 그 후 전직과 현직 모든 대통령뿐 아니라 대통령직 자체를 기념하는 날로 대통령의 날의 의미가 점차 확대되고 있다.

미국이 대통령의 날을 제정한 배경에는 워싱턴 대통령의 공헌이 절대적이었다. 워싱턴은 헌법에 중임제한 규정이 없었지만 2번의 임기를 마치자 퇴임했다. 뿐만 아니라 그는 후대 정치인들을 위한 고별사(farewell address)를 남겼다. 1796년에 신문에 발표되었던 그의 고별사는 지금도 상원 본회의에서 매년 낭독하는 행사를 하고 있다. 낭독에 1시간 정도 걸리는 200여 년 전 전직 대통령의 고별사를 상원의원들이 매년 반복하여 경청하는 것이다. 고별사에서 워싱턴은 두 가지를 강조했다. 대외적으로 군사동맹을 맺지 말고, 대내적으로 파벌(정당)을 만들지 말라는 것이었다. 물론 두 가지 충고는 지켜지지 않고 있다. 하지만 공익을 앞세웠던 워싱턴의 애국심은 미국 정치인이면 누구도 거부할 수 없는 정치인의 기본 규범으로 살아 있는 것이다(사실 워싱턴 대통령에 대한 미국인들의 존경은 거의 신앙적 수준이다).

개헌 논의가 한창인 우리 정치권에 진정 필요한 것은 무엇일까? 우리는 이미 여러 번 개헌을 경험했다. 그러나 전직 대통령들이 불행한 순간을 맞이하는 일은 반복되고 있다. 그 불행이 모두 제도 탓일까? 우리 정치사의 불행을 되풀이하고 있는 정치문화가 바뀌지 않는다면 개헌 후에도 우리 정치는 별 차이가 없을 것으로 보인다. 개헌논의도 필요하지만 더 중요한 것은 우리 정치문화가 바뀌는 일이 아닐까? 새 부대와 함께 새 포도주도 기대하고 싶다.

2018. 02. 21.

정상회담의 성공조건 :
레이건과 고르바초프 회담을 되돌아보며

1985년 11월 19일 제네바 정상회담 중 레이건
대통령과 고르바초프 서기장이 회의장 호수 옆에
마련된 별채에서 비공식 회합을 갖고 있다.
(출처: 로널드 레이던 대통령 기념 도서관)

극한 대결로 치닫던 한반도 정세가 변화를 보이고 있다. 문재인 정부의 남한 특사단을 맞은 북한이 남한의 남북정상회담 제안을 전격 수용했다. 겨울 올림픽으로 시작된 북한의 평화 공세가 진정성 있는 후속대화로 이어지는 형국이다. 무엇보다 고무적인 것은 남북뿐 아니라 미국 대통령도 정상회담에 합의한 점이다. 이제 관심은 정상회담의 성과이다. 과연 어떤 결과가 나올 것인가? 이번 정상회담에서 1985년 레이건-고르바초프 회담 때와 같은 극적 변화의 첫 단추가 꿰어질 수 없는 것일까?

1985년 11월 19일, 미국 대통령 로널드 레이건과 소련(현재 러시아) 공산당 서기장이었던 미카엘 고르바초프가 정상회담을 가졌다. 장소는 스위스 제네바였다. 제네바 회담 직전까지 미소 양국은 극도의 군사적 긴장관계에 있었다. 레이건 대통령은 후보시절부터 소련에 대한 강경한 입장을 보였다. 1981년 취임 후 레이건은 미국 역사상 유례가 없는 수준의 군비증강정책을 추진했다. 레이건 행정부가 추진한 핵심 국방정책은 '전략방위계획(SDI-Strategic Defense Initiative)'으로 불리는 새로운 개념의 군비증강이었다. 소련도 국방비를 확대하며 미국에 맞섰다.

레이건은 소련을 '악의 제국(Evil Empire)'이라고 비판하며 강도 높은 여론전도 펼쳤다. 오랜 냉전기간 동안 소련을 악의 제국으로 비판한 미국 대통령은 레이건이 처음이었다. 미소관계가 최악으로 치닫고 있던 1983년 8월 대한항공(KAL)의 여객기가 소련 공군에 의하여 격추되는 참사도 발생했다. 수십 명의 미국인을 포함하여 탑승객 전원이 사망했다. 미국이 앞장 서 소련을 비인도적 국가로 낙인찍었다. 소련은 1984년 로스엔젤리스에서 개최된 하계 올림픽 참가도 거부했다.

그런데 고르바초프가 레이건 대통령의 정상회담 제안을 전격 수락함으로써 제네바에서 회담이 열렸던 것이다. 고르바초프는 1931년 출생하여 공산주의 사회에서 철저한 공산주의자로 교육받은 인물이었다. 반대로 1911년에 출생한 레이건은 젊은 시절부터 철저한 반공주의자였다. 레이건은 공산국가에 대한 확실한 대외정책은 군비증강뿐이라고 믿고 있었다. 나이 차이가 20년이나 되는 두 사람의 경력도 상이했다. 레이건은 50세가 넘도록 배우 생활을 하다 정치인이 되었고, 고르바초프는 공산당 관료 출신이었다. 닮은 부분이 거의 없었다.

1985년 11월 19일 회담 장소에 레이건이 먼저 도착해 고르바초프를 기다렸다. 고르바초프가 도착하자 두 사람은 악수를 나누었다. 첫 악수를 나누면서 예상 외로 레이건은 고르바초프에게 별다른 적대감을 느낄 수 없었다고 회고록에 적었다. 그러나 두 정상 사이의 회담은 난항을 겪었다. 공식 회담에서 레이건과 고르바초프는 서로 거침없이 비판했다. 서로 상대방이 군비증강을 촉발시켰다고 주장했다. 고르바초프는 SDI의 중단을 강력하게 요구했고, 레이건은 SDI는 방어용임을 강조했다. 결국 제네바 회담에서 미국과 소련 사이에 타결된 회담 내용은 매우 빈약했다.

그러나 제네바 회담은 냉전이 종식되는 중요한 분기점이 되었다. 레이건과 고르바초프가 서로 상대방에게서 신뢰 가능성을 발견하였기 때문이다. 제네바 회담을 의미 있게 만든 배경에는 레이건의 노력이 있었다. 미국 관계자들은 공식 회담이 열리는 장소에서 산책 거리에 있는 호숫가 별장을 빌려 놓았다. 별장은 회담 중 레이건과 고르바초프가 통역사만 대동한 채 대화를 나눈 장소로 이용되었다. 비공식 장소에서 이루어진 두 지도자의 격의 없는 접촉은 신뢰구축의 기반이 되었던 것이다.

회담의 성패는 당사자의 신뢰에 달려 있다. 남북 그리고 북미 사이에 예정된 정상회담도 마찬가지일 것이다. 지금 남한과 북한 그리고 북한과 미국 사이에는 극도의 불신감과 적대감이 쌓여 있다. 북한의 핵과 미사일 개발로 일촉즉발의 위기가 지속되고 있다. 이런 위기를 타개할 극적 변화가 필요하다. 그런 변화는 당사국 정상들의 신뢰 없이는 불가능하다. 정상회담에서 서로 상대방에게서 신뢰할 수 있는 보편적 인간성을 발견한다면 한반도의 평화정착도 가능하지 않을까? 당사국 정상들은 레이건과 고르바초프의 회담을 거울삼아 상생의 묘수를 찾을 수 있길 바란다.

2018. 03. 14.

지방분권과 인구 불균형 문제 :
미국이 상원을 만든 이유

미국 헌법의 아버지로 불리는 제임스 메디슨
(James Madison) 초상화. 존 밴덜린(John Vanderlyn)
의 1816년 작품.
(출처 : https://commons.wikimedia.org)

개헌문제로 여야가 정치적 샅바싸움을 하고 있다. 개헌에 대한 여야의 입장 차이가 크다. 현격한 차이에도 불구하고 여야의 의견 절충이 쉬워 보이는 분야도 있다. 지방분권문제가 그렇다. 여야 모두 지방분권의 필요성에 동의하고 있다. 개헌에 대한 여야 합의가 추진된다면 지방분권은 당장 실현될 전망이다.

그런데 지방분권 논의에서 제외된 부분이 있다. 인구가 감소하면서 심화될 지역불평등문제이다. 이미 지역 간 인구 규모에 차이가 크다. 거기다 수도권을 제외한 지역의 인구는 최근 급속하게 줄고 있다. 이대로 간다면 인구 때문에 없어질 지자체도 속출할 전망이다. 이런 상황에서 지방분권은 인구가 적은 지역에는 독이 될 수 있다. 우리의 정치문화에서는 인구비례에 따른 다수결방식이 유일한 의사결정 방식이기 때문이다. 우리는 인구비례에 따른 단원제 국가이다. 국회의원은 해당 지역민의 의견을 대변한다. 인구가 많은 곳은 상대적으로 국회의원 수가 더 많기 때문에 중앙정치에서 유리할 수밖에 없는 구조이다. 현존 인구까지 줄고 있는 상황에서 지방분권이 해당 지역에 무슨 실익이 있을 것인가? 지방분권 논의 때 꼭 짚고 넘어갈 문제이다.

이 문제와 관련하여 연방제를 채택하고 있는 미국 연방의회의 구성 원리를 살펴보기로 한다. 1787년 헌법을 제정할 당시 연방헌법 초안으로 처음 제시된 것은 '버지니아 안(Virginia Plan)'이었다. 버지니아 안은 각 주의 인구 규모에 비례하여 연방 의회의 의원을 각 주에 배정할 것을 제안했다. 즉각 뉴저지 주를 비롯하여 인구가 상대적으로 적은 주들이 강력하게 반대하고 나섰다. 대신 뉴저지 주는 인구와 상관없이 각 주에 대해 동수의 연방 의원의 배정을 주장했다. 소위 '뉴저지 안(New Jersey Plan)'이었다. 주가 모여서 연방 정부를 창설한다면 당연히 각 주에 대해 동등한 지위를 인정해야 한다는 주장이었다. 인구가 적은 주들은 제헌의회의 참여를 철회할 기세였다. 인구가 많은 주들도 양보할 의사가 전혀 없었다. 제헌의회는 위기에 빠졌다. 이런 위기 상황에서 나온 절충안이 '코네티컷 안(Connecticut Plan)'이었다.

결국 코네티컷 안이 최종안으로 채택되었다. 연방 하원은 각 주의 인구에 비례하여 의원을 배정하고, 대신 상원은 인구와 상관없이 각 주에 2명씩 의원을 배정하는 방식을 선택한 것이다. 지금도 미국의 연방 하원과 상원은 위와 같은 이런 방식으로 구성된다. 구체적으로 살펴보면 현재 미국에서 가장 인구가 많은 캘리포니아 주의 인구는 3천만 명이 훨씬 넘는다. 하원의원은 53명이 선출된다. 그리고 캘리포니아 주에서 선출되는 연방 상원의원은 2명이다. 반면 미국 50개 주에서 인구가 가장 적은 와이오밍 주의 총 인구는 약 60만 명이고, 하원의원 1명이 선출된다. 또한 와이오밍의 연방 상원의원은 2명이다. 순수하게 인구비례원칙에 따른다면 와이오밍 주는 하원의원이나 상원의원을 각각 단 1명도 선출할 자격이 없을 것이다. 미국 인구를 3억으로 볼 때 100명의 상원의원을 인구 비례로 배정한다면 적어도 인구가 3백만 명은 넘어야 하고, 435명을 선출하는 하원의 경우는 하원 1명 당 지역구 인구가 적어도 71만 명은 넘어야하기 때문이다.

인구의 규모는 민주정치에서 결정적이다. 다수결방식이 민주정치의 원칙이기 때문이다. 그러나 앞으로 지역의 문제를 모두 인구 크기로 결정한다면 우리의 지방분권은 실패로 끝날 것이다. 승자독식이 될 수밖에 없기 때문이다. 인구가 줄고 있는 지방의 문화적 정체성과 역사적 전통을 보호할 수 있는 제도적 장치가 필요하다. 문화와 역사는 규모의 문제가 아니다. 각 지방의 역사와 전통은 문화적 다양성의 자산이자 뿌리이다. 현재와 같이 인구비례에 따른 단원제 국회에서 획일적 다수결방식으로 모든 것이 결정된다면 인구가 줄고 있는 지역의 문화는 소멸되고 말 것이다. 지방의 인구불균형 문제는 시간이 갈수록 악화될 수밖에 없다. 인구의 규모와 상관없이 각 지방의 역사와 전통이 존중되는 지방분권이 실시되어야 한다. 미국이 상원을 설치한 배경을 살펴볼 필요가 여기에 있는 것이다.

2018. 04. 11

북미정상회담을 기다리며 :
조미조약_(1882년)을 되돌아본다

1882년 조미조약이 체결될 때 미국 대통령은
체스터 아더(Chester Arthur 재임기간 1881~1885)였
다. 그는 부통령이었으나 대통령 제임스 가필드
(James Garfield)가 1881년 암살됨으로 대통령에 취
임했다.
(출처: https://commons.wikimedia.org)

5월 22일 한미정상회담이 열릴 예정이다. 북미정상회담도 수 주안에 개최될 전망이다. 특히 처음 개최되는 북미정상회담은 '불량국가'로 낙인찍힌 북한이 국제사회에서 정상국가로 인정받을 수 있는 절호의 기회이다. 북미관계의 성공적 변화는 우리 민족에게 통일의 시대를 여는 첫 걸음이 될 수 있다. 우리 한반도에 평화와 번영의 새로운 역사가 도래하고 있는 것이다.

잘 알려진 바와 같이 미국은 우리나라와 근대식 조약을 맺은 첫 서양 국가였다. 미국과 수교하기 전 조선은 지금의 북한과 같이 극단적인 은둔 국가였다. 1871년 미국과 신미양요를 겪은 조선 정부는 척화비까지 세우며 철저한 쇄국정책을 추진했다. 그러나 1882년 조선은 전격적으로 미국과 수교를 결정했다. 조미수교를 결정한 이유는 한 가지였다. 조선의 안보를 확보하기 위해서였다. 당시 조선은 안보상의 위기를 맞고 있었다. 강화도조약 체결로 일본의 영향력은 높아졌고, 북쪽으로부터 러시아 세력이 커지고 있었다. 그러나 이들 신흥 세력에 대한 중국의 견제력은 미약했다. 조선은 노쇠한 중국을 대신하여 한반도의 세력균형을 유지할 수 있는 새로운 안보 파트너가 절실히 필요했다.

1882년 5월 22일 조선정부의 신헌과 김홍집이 미국정부가 파견한 로버트 슈펠트를 인천에서 만났다. 양국 대표는 별다른 문제없이 조미수호통상조약을 체결했다. 조약의 일부 내용은 조선정부에 불공정했고, 조선 측 대표의 인명 표기조차 어색했다. 미국 측이 작성한 영어 조약문에 우리 대표의 한자 이름이 중국식 발음으로 적혀 있다. 신헌은 신첸(Shin Chen), 김홍집은 친홍지(Chin Hong-Chi)가 되었다. 서양 국가와 맺은 첫 조약의 어색한 모습이었다.

여러 문제에도 불구하고 조미조약은 조선이 근대국가로 발전할 수 있는 절호의 기회였다. 조약이 체결된 이듬해 미국 아더(Chester Arthur) 정부는 푸트(Lucius Foote)를 공사로 파견했다. 같은 해 조선정부도 외교사절단을 미국에 파견했다. 사절단 대표는 민영익이었다. 홍영식이 부대표로 임명되었고, 서광범, 유길준, 변수, 고영철이 수행원으로 임명되었다. 두 명의 무관도 따라갔다.

사절단은 워싱턴을 비롯하여 미국의 여러 도시와 산업시설을 살펴보았다. 민영익은 미국정부가 내준 군함을 타고 유럽을 순방하는 기회도 얻었다. 조선 사절단에게 미국이나 유럽은 충격이었다. 당시 미국은 철도와 철강 그리고 석유산업이 선도하는 고속 경제성장을 경험하고 있었다. 1880년 제조업능력에서 미국은 영국에 이어 세계 2위였다. 1900년까지 미국은 영국을 제치고 제1위의 산업국가가 되었다.

귀국 후 홍영식과 서광범은 1884년 김옥균이 주도한 갑신정변에 참여했다. 그러나 민영익은 참여하지 않았다. 반대로 그는 개혁파의 제거 대상이 되어 있었다. 갑신정변은 3일 천하로 끝났다. 조선 근대화의 씨앗이 될 수 있었던 개화파는 붕괴하고 말았다. 우리 민족이 근대화의 골든타임을 놓치는 순간이었다. 근대화의 기회를 놓친 조선은 결국 이웃 국가의 식민지가 되는 망국의 쓴 맛을 보고 말았다.

지금 우리 한반도에는 미국과의 새로운 관계 설정의 기회가 다가오고 있다. 부시 정부 때 '악의 축(axis of evil)'으로까지 불리던 북한은 국제사회에서 정상국가로 거듭날 기회를 맞고 있다. 미국을 비롯하여 세계는 북한이 핵을 포기할 것을 요구하고 있다. 북한은 핵을 포기하는 특단의 조치를 취해야 한다. 그리고 번영과 평화의 새로운 역사를 준비해야 한다. 남한도 이번 기회를 국내 정치싸움으로 망쳐서는 안 된다. 근대화의 골든타임을 놓쳤던 갑신정변과 같은 정쟁을 되풀이 할 것인가? 남북한의 소모적 군사력 대결도 이제 끝내야 한다.

또한 1882년 5월 22일 우리와 선린관계를 시작하였던 미국도 이제 강대국 일방주의를 포기하고 새로운 방식으로 한반도문제에 접근해야 한다. 조미조약 체결일과 같은 5월 22일 개최되는 한미정상회담 그리고 이어서 개최될 북미정상회담이 북핵 위기를 한반도의 평화와 번영의 기회로 바꾸는 극적 계기가 되길 간절히 바란다.

2018. 05. 09.

#

비핵화를 넘어 한반도 평화정착을 기대하며 :
6.25전쟁을 다시 생각해 본다

1953년 7월 27일 판문점에서 유엔군 대표 윌리엄
해리슨(William Harrison)중장과 공산측 대표 남일이
휴전조약에 사인하고 있다.
(출처: 미국 국립문서보관소)

2018년 6월 12일 북미정상이 만났다. 68년 이상 적대관계를 유지하고 있는 두 국가의 정상이 만났다. 만난 자체가 역사적인 의미를 갖고 있다. 최대의 의제는 북한의 비핵화였다. 두 정상 간 협상으로 한반도 비핵화의 큰 그림은 그려진 셈이다. 그렇다면 비핵화 회담이 곧 한반도의 평화를 의미하는가? 북미회담 한번으로 평화가 왔다고 믿는 사람은 적을 것이다. 우리에게는 핵폭탄만큼이나 위협적인 6.25전쟁의 유산이 남아 있기 때문이다.

6.25전쟁은 참혹한 민족상잔의 살육전이었다. 남북 모두 무수한 인명 피해를 보았다. 전쟁의 피해자들은 지금도 많이 생존해 있다. 6.25전쟁은 깊은 원한을 남겼다. 지난 68년 동안 남북한의 적대감은 줄지 않았다. 거기다 6.25전쟁은 여러 국가의 이해가 얽힌 국제전이었다. 러시아(구 소련)는 북한의 남침준비 단계에서부터 전쟁을 실질적으로 지원하고 지도했다. 러시아는 북한에 대해 무기만 지원한 것이 아니었다. 남침을 위한 군사전략 자체도 러시아 고문단에 의하여 수립되었다. 북한의 남침을 저지하기 위하여 미국은 즉각 유엔 안보리를 소집하여 참전을 결정했다. 역사상 최초로 유엔군이 결성되어 한반도에 파견되었다. 유엔군이 38선을 넘어 북진하자 중국군이 참전하면서 전쟁은 더욱 복잡한 국제전으로 발전했다.

6.25전쟁의 영향은 한반도에만 그치지 않았다. 전쟁발발 시초에 미국은 타이완 해협에 7함대를 파견했다. 1949년 10월 이후

타이완 점령을 준비 중이던 중국 공산당에게는 날벼락이나 다름 없었다. 타이완의 국민당 정부에게는 기사회생의 기회였다. 타이완 침공을 포기한 중국군은 한반도 접경지역으로 이동했다. 이후 6.25전쟁에 중국군이 신속하게 개입할 수 있었던 배경이었다. 한반도에서 충돌한 중국과 미국은 1970년대까지 적대관계를 유지했다. 미중 간 국교정상화는 1979년에 가능했다.

한편 일본에게 6.25전쟁은 기회였다. 2차 대전의 패전국으로 연합국의 점령통치 아래 있던 일본은 미군의 군사기지로 돌변했다. 6.25전쟁에 참전하는 미군들은 일본 기지를 거쳐 한반도에 배치되었다. 공군 폭격기는 일본 기지에서 폭탄을 싣고 한반도에 날아와 폭격하고 돌아갔다. 일본은 미군들의 휴가지 역할도 했다. 일본은 전쟁특수를 누리면서 경제재건의 기반을 마련할 수 있었다. 6.25전쟁은 일본의 국제적 지위 변화에도 기여했다. 6.25전쟁이 한창이던 1951년 9월에 조인된 샌프란시스코 평화조약으로 일본은 국제사회로 복귀할 수 있었다. 미국과 안보조약도 체결했다. 일본 수상 요시다 시게루는 6.25전쟁을 '하늘이 준 기회'라고 말했다.

6.25전쟁은 미국에게는 대외정책의 전환점이 되었다. 미국은 유럽의 나토(NATO: 북대서양조약기구)를 경제공동체에서 군사동맹체로 전환시켰다. 유럽을 미국의 군사적 영향권에 묶어 둘 수 있게 되었다. 무엇보다 결정적인 것은 국가안보문서 68(NSC 68)에 따라 국방비를 대폭 증액했다. 6.25전쟁이 아니었으면 NSC 68에 건

의된 군비증강정책들이 실현될 가능성은 매우 적었다. 6.25전쟁으로 미국은 군사대국이 되었다. 6.25전쟁은 한반도를 넘어 미국을 포함한 여러 나라에 깊은 영향을 남긴 것이다.

6.25전쟁이 발발한지 68년이 된 올해, 그것도 6월에 북미정상이 만났다. 그동안 6.25전쟁 참전국들은 대부분 서로 화해하였고 국교도 정상화되었다. 우리와 중국의 국교가 정상화된 지도 25년이 넘었다. 그러나 남한과 북한, 그리고 미국과 북한은 여전히 적대상태를 유지하고 있다. 6.25전쟁의 핵심 당사국 사이에는 전혀 변화가 없는 것이다. 오히려 최근 북한이 핵을 개발하며 긴장은 더욱 높아졌다. 그런데 갑자기 남북정상회담이 열렸고 이어 북미정상회담까지 개최되었다. 비핵화를 넘어 종전선언과 평화조약으로 갈 수 있는 첫 단추가 꿰진 것이다. 아예 휴전 65주년을 맞는 7월 27일 종전선언이 이루어질 수는 없는 것인가? 6.25전쟁의 결과가 세계적이었던 만큼 6.25전쟁에 대한 종전선언도 한반도를 넘어 세계평화와 번영의 전기가 될 것이 틀림없다. 북미정상회담을 보면서 가까운 시일 내에 6.25전쟁에 대한 종전선언과 평화조약도 성공리에 체결되길 기대해 본다.

2018. 06. 14.

개헌과 호헌 사이 :
미국 헌법이 장수한 이유

1832년 헨리 인만(Henry Inman)이 그린 존 마셜
(John Marshall) 대법원장(재임 1801-1835)의 초상화.
(출처:https://commons.wikimedia.org)

올 해는 1948년 7월 17일 제헌헌법이 제정된 지 70주년이 되는 해이다. 1987년에 개정된 현행 헌법이 발효된 지도 30년이 된다. 현행 헌법 아래 몇 번의 성공적인 정권교체가 이루어졌으나 개헌 논의는 끊이지 않는다. 지난 6월 지방선거 직전까지도 개헌을 놓고 여야의 줄다리기가 있었다. 그러나 여야는 개헌에 대한 합의점을 찾지 못했다.

지난 70년 동안 우리 헌법은 다양한 역사를 경험했다. 개정 횟수만도 9회에 이른다. 평균 7~8년마다 헌법이 개정된 셈이다. 우리 헌법이 자주 개정된 가장 큰 이유는 권력자의 정치적 욕심 때문이었다. 헌법이 권력을 통제한 것이 아니라 정치가 헌법을 도구화했다. 그렇지만 1987년 헌법 개정은 우리 헌법사의 분수령이다. 국민의 요구로 이루어진 개헌이었다. 이후 개헌논의가 계속되는 가운데서도 현행 헌법은 유례없는 장수를 누리고 있다. 과연 현행 헌법이 앞으로도 계속 장수를 누릴 수 있을까?

성문헌법의 세계 최장수 기록은 미국 헌법이 가지고 있다. 미국 헌법은 1787년에 제정되었으니 올해로 231주년이 된다. 미국 헌법이 장수한 첫 번째 이유는 독특한 개헌 방식에서 찾을 수 있다. 미국 헌법은 제정과정이 끝나기도 전에 개정요구에 부딪혔다. 인권조항이 없다는 것이 비준과정에서 문제가 되었기 때문이다. 국민의 대표가 모인 의회가 법을 제정하기 때문에 인권탄압을 방지하는 인권조항이 필요 없다는 것이 헌법을 기초한 지도자들의 논리였다. 그러나 강력한 비판 앞에 '권리장전(Bill of Rights)'이라 불리는 인권조항 10개조를 헌법조문에 추가하기로 합의한 후 겨우 비준이 이루어졌다. 권리장전은 1789년 의회를 통과하였고 1791년까지 비준되었다. 이후 미국은 헌법 개정이 필요한 경우 기존 헌법에 새 조항을 추가하는 방식을 유지하고 있다. 소위 '원 포인트' 방식이다. 현재까지 미국은 27개 조항의 새로운 내용을 기존 헌법에 추가했다.

미국은 '원 포인트' 방식으로 기존 헌법에서 발견되는 결정적인 약점들을 시대에 맞게 보완될 수 있었다. 단적인 사례가 노예제 규정이다. 제헌과정에서 노예제는 심각한 논쟁거리였다. 북부는 노예제에 반대했으나 남부는 강력하게 찬성하는 입장이었다. 결국 남과 북은 헌법에 노예제를 인정하기로 합의했다. 그러나 노예제는 공화국 건설을 목표로 하는 미국 헌법의 기본원리에 맞지 않는 이율배반적인 규정이었다. 노예제를 둘러 싼 내적 갈등은 1861년 남북전쟁으로 폭발했다. 전쟁 중이던 1865년 1월 아브라함 링컨 대통령은 수정 헌법 13조를 통과시켜 노예제를 폐지했다. 기존 헌법은 그대로 유지되었다.

미국 헌법이 장수한 또 다른 중요한 배경에는 위헌법률심사제에 있다. 1803년 마베리 재판(Marbury v. Madison)에서 처음 위헌법률심사제가 도입되었다. 당시 대법원장 존 마셜(John Marshall)이 입법부가 제정한 법률이라도 헌법에 위배되면 무효라고 판결했다. 지금은 상식이 되었지만, 당시에는 위헌법률심사가 생소한 헌법이론이었다. 이 판례로 미국 법원은 헌법 규정에도 없는 위헌법률심사권을 갖게 되었다. 국민의 대표가 제정한 법률을 9명의 법관으로 구성된 대법원에서 폐기할 수 있게 된 것이다. 이런 대법원의 위헌법률심사는 입법부와 행정부를 견제하는 강력한 견제수단이 되었다.

1930년대에는 뉴딜법과 같은 행정부의 개혁입법이 위헌 판결을 받는 일도 발생했다. 위헌 판결로 뉴딜정책의 추진이 저지되자 프랭클린 루즈벨트 대통령은 대법원 개혁안까지 추진했으나 성공하지 못했다. 여론은 대법원의 뉴딜법 위헌 판결에는 비판적이었으나 대통령의 대법원 개혁안은 지지하지 않았기 때문이다. 대법원은 미국 헌법을 지키는 최후의 보루로 확실히 인정받고 있었다. 미국 헌법이 장수한 둘째 이유이다.

한편 위헌법률심사제는 기존 헌법을 지키는 수단이 될 뿐 아니라 새로운 해석을 통하여 헌법 규정의 내용을 현실에 맞게 바꿀 수도 있다. 한 예로 1896년 플레시 재판에서 대법원은 흑백분리를 규정한 남부의 법규들은 합헌이라고 판결했다. 엄격한 흑백차별의 현실을 인정한 인종차별적 해석이었다. 그러나 1954년 브라운 재판에서 대법원은 흑백분리 자체가 위헌이라고 판결했다. 변화된 사회 현실을 반영한 새로운 해석이었다. 새로운 헌법 해석을 통하여 헌법 개정과 같은 효과를 만든 것이다. 헌법은 그대로 유지되었으나 인종차별문제는 해결됨으로써 헌법의 수명이 연장될 수 있었다.

헌법은 국민의 모든 활동을 지배하는 기본 원칙이다. 헌법 원칙이 국민의 의식에 뿌리내리고 생활습관으로 자리 잡는데 긴 시간이 필요하다. 반대로 일정한 시간이 지나 국민의 의식에 내재화된 원칙은 쉽게 바뀌지 않는다. 거기다 기본원칙이 자주 바뀌면 인식의 혼란과 생활의 불편이 초래된다. 무엇보다 원칙의 뿌리가 흔들리는 사회에서 수준 높은 법치문화가 꽃필 수 있겠는가? 불편한 점도 있지만 이미 30년을 견딘 헌법이다. 급격한 전면적인 개헌은 사회적 혼란을 불러올 수 있다. 대신 '원 포인트' 개헌이 현실적 대안이 아닐까? 여야 모두 국가적 원칙을 바꾸는 일에는 신중할 것을 주문하고 싶다.

2018. 07. 11.

인천상륙작전이
남긴 것

1950년 9월 15일 미국 군함 마운트 맥킨리(USS Mount McKinley) 함상에서 인천상륙작전을 살피는 맥아더 장군 (가운데 쌍안경 든 인물). 맥아더의 왼쪽은 극동사령부 소속 코트니 휘트니(Courtney Whitney) 준장이고 오른쪽은 10군 단장 에드워드 알몬드(Edward Almond)소장이다. (출처: 미국 국립문서보관소)

1950년 9월 15일, 역사적인 인천상륙작전이 있었다. 그 결과 6.25전쟁의 전세는 일거에 뒤집혔다. 낙동강까지 밀렸던 국군과 유엔군은 9월 28일 서울을 수복하였고, 곧 이어 38선을 돌파했다. 북진통일의 꿈이 현실이 되는 듯 했다. 국군과 유엔군이 평양을 탈환하자 군 관계자뿐 아니라 이승만 대통령까지 성대한 기념행사에 참석했다. 그러나 거기까지였다. 압록강에 도달한 국군과 유엔군은 중국군의 개입으로 서울 이남으로 후퇴했다. 그 후 전쟁은 지루한 소모전으로 전개되며 모두에게 악몽이 되었다.

인천상륙작전을 설계한 인물은 더글러스 맥아더 장군이었다. 그의 회고록에 따르면 그는 6.25전쟁이 발발한 직후부터 인천상륙작전을 생각했다. 인천상륙작전의 성공 확률은 오천 분의 일(1/5,000)이었다고 맥아더는 평가했다. 어떤 근거로 그런 수치가 나왔는지는 알려지지 않았다. 하지만 인천상륙작전에 대해 흔히 인용되는 수치이다. 사실 인천은 상륙작전을 펼치기에 좋은 조건을 갖고 있지 않았다. 따라서 포승(평택)이 대안으로 논의되었다는 육군참모총장 콜린스(J. Lawton Collins) 장군의 증언도 있다. 인천상륙작전에 대한 평가가 어떻든 인천상륙작전의 결과는 모두를 흥분하게 만들었다. 북한군이 쉽게 궤멸될 것을 예측한 유엔군은 38선을 거침없이 돌파했다.

인천상륙작전 후 유엔군의 38선 돌파 가능성에 대하여 중국 정부는 우려를 표시했다. 38선 돌파 이전부터 중국 외교의 수장이던 저우언라이(周恩來)는 북진에 대해 경고하기 시작했다. 당시 공산 중국은 외교적으로 고립되어 있었다. 유엔에서도 타이완의 국민당 정부가 중국을 대표하고 있었다. 대신 중국 정부는 베이징에 주재하고 있던 인도 대사 패니카(J. M. Panikkar)를 통하여 유엔군이 38선 이북으로 북진하는 것은 좌시하지 않겠다고 경고했다.

중국 정부의 경고에 트루먼(Harry S. Truman)대통령은 10월 말 태평양의 웨이크 섬(Wake Island)에서 맥아더와 만나 중국의 개입 가능성을 논의했다. 그러나 중국군의 개입 가능성은 전혀 없으며 설사 개입해도 문제될 것이 없다는 맥아더의 확신에 찬 보고에 트루먼은 마음을 놓았다. 그는 6.25전쟁이 1950년 11월 초 미국 중간선거에 악재가 될까 걱정하고 있었다. 맥아더 자신은 1950년 크리스마스까지는 전쟁이 끝날 것으로 확신했다. 그러나 10월말 이미 중국군은 북한에 들어 와 있었고 11월말 맥아더의 승전에 대한 확신은 악몽으로 바뀌고 말았다.

한반도에서 중국군을 맞이한 맥아더는 원자탄의 투하를 주장했다. 그러나 트루먼은 이에 반대하였고, 맥아더는 해임되고 말았다. 그 후 트루먼과 맥아더에 대한 역사적 평가가 갈린다. 맥아더의 주장에 따라 원자탄이라도 사용하여 전쟁에서 이겼어야 한다는 평가가 있다. 1980년대 대통령은 지낸 로널드 레이건(Ronald Reagan)도 이런 평가를 하고 있다. 그러나 원자탄을 사용하지 않은 트루먼의 판단이 옳았다는 것이 일반적인 평가이다. 그 때 원자탄을 사용하였다면 어떻게 되었을까? 그 결과는 참혹하였을 것이다.

2018년 9월 18일-20일 문재인 대통령이 평양을 방문하여 제3차 정상회담을 가진다는 정부 발표가 며칠 전 나왔다. 여러 의제 중 핵심은 북한의 비핵화일 것이다. 그동안 비핵화 선결조건의 하나로 6.25전쟁의 종전선언이 주장되었다. 이번에 합의에 이를지 회담의 귀추가 주목된다.

이와 관련해 남북지도자들은 6.25전쟁과 인천상륙작전을 깊이 생각해 보길 권하고 싶다. 6.25남침 당시 북한은 수일 내에 남한을 점령할 것으로 믿었다. 북한은 유엔군의 인천상륙작전이나 38선 돌파를 예측하지 못했다. 한편 인천상륙작전의 성공은 남한이 한반도 통일을 북한군의 궤멸에만 초점을 맞추게 했다. 한반도에 대한 주변국의 이해관계를 잊었다. 양측 모두 판단을 그르쳤다. 일시적인 군사적 우세에 현혹된 결과였다.

지금 연속적으로 진행되고 있는 남북한 정상회담에서 경계할 부분이다. 힘에 의한 일시적 승리는 진정한 평화를 가져올 수 없다. 역지사지(易地思之)의 진정성 있는 대화만이 진실 된 합의를 만들 수 있다. 성공한 인천상륙작전이 남긴 또 다른 교훈인 것이다.

2018. 09. 12.

BTS의 유엔 연설과 영어교육,
그리고 글로벌 평택

2013년 12월에 창립된 평택국제교류재단
(출처: 저자 촬영)

최근 BTS가 유엔에서 행한 영어연설이 학부모들의 관심거리로 떠올랐다. RM(김남준)의 능숙한 영어 구사력 때문이었다. BTS의 멤버인 RM의 영어 실력은 이전부터 알려져 있었다. BTS와 외국 방송의 인터뷰가 있을 때면 RM이 통역을 맡았다. RM은 국내에서 영어를 습득한 소위 토종 영어 학습자라고 한다. 그의 영어습득의 비결은 미국 드라마를 보는 것이었다. 같은 드라마를 반복적으로 보며 대사를 완전히 익혔다. 영어를 익힌 동기는 국제적 스타가 되기 위한 꿈 때문이었다고 한다.

RM의 영어 습득법은 우리나라의 영어교육을 다시 생각하게 한다. 우리나라의 고등학교 졸업생뿐 아니라 대학 졸업생들도 영어를 그처럼 구사하지 못 한다. 이유는 간단하다. 우리나라의 영어교육이 영문법 중심의 독해교육이기 때문이다. 1945년 해방 후 지금까지 학교 강단에서는 영문의 번역을 중점적으로 가르치고 있다. 애초부터 학습자가 말을 구사할 수 있도록 하는 것이 목표가 아니다. 이런 해석 중심의 영어교육이 과거에는 별 문제가 없었다.

그러나 지금은 글로벌 시대이다. 국제간 인적 교류가 확대되고 있다. 영문을 읽을 줄도 알아야 하지만, 말의 소통이 더 필요한 시대이다. 국제어가 된 영어의 소통능력은 글로벌 시대를 사는 젊은이들에게는 성공의 필요조건이 되었다. 특히 평택은 영어의 소통이 절실히 필요한 지역이다. 주한미군의 핵심 시설이 몰려있는 기지도시일 뿐 아니라, 수출과 수입의 핵심 항구도시이다. 거기다 많은 기업이 자리 잡은 글로벌 기업도시이다. 평택시 스스로 국제화를 도시의 성장 전략으로 내세우고 있다. 그러나 평택이 현재 글로벌 도시로 평가받고 있는가?

평택이 글로벌 도시로 도약하기 위해서는 아파트 신축과 도로 정비만 가지고는 충분하지 않다. 경쟁력 있는 글로벌 도시가 갖추어야 하는 가장 중요한 인프라는 교육이다. 우리나라에서 교육에 대한 관심을 극적으로 보여주는 것이 위장전입이다. 잘못된 것이지만, 자녀의 교육을 위한 위장전입문제는 정부 고위인사의 인사청문회 때마다 빠진 적이 없다.

이런 시각에서 볼 때 평택은 교육부분에서 경쟁력이 있는 도시인가? 평택은 타 도시가 갖지 못한 지역적 특성을 가지고 있다. 외국인이 어느 도시보다 많다는 사실이다. 이런 지역적 특성을 교육과 접목시킬 수 없을 것이다. 입장에 따라 견해가 다를 수 있겠지만, 필자는 평택의 지역특성과 교육을 연계시켜 영어교육을 지역교육의 발전전략으로 제안한다. 영어교육을 집중적으로 지원하여 평택을 영어교육의 수도(Capital City of English Education)로 만들자는 것이다. 평택만큼 영어교육을 도시 특성화 사업으로 내세울 수 있는 여건을 갖춘 도시는 우리나라에서 거의 없다.

평택을 영어교육 수도로 만들기 위한 실천적 방안은 무엇인가? 필자는 영어연극을 영어교육 특성화의 실천적 방안으로 제안한다. 방안을 간단히 요약하면 다음과 같다.

평택시가 선도적으로 지역 내 각 급 학교에 영어연극반을 만들도록 지원한다. 시범적으로 10개 학교를 선정하여 예산을 지원한다. 선정된 학교는 방과 후 과정의 하나로 영어 연극반을 운영한다. 그리고 연극반에 참여한 학생들은 1년에 1회 평택시에서 주최하는 영어연극 경연대회에 참여하도록 한다. 팀이 많으면 예선과 결선을 치르게 한다. 경연대회 참가 외에 각 학교에서 자체 공연기회를 수시로 갖도록 한다. 이런 과정에서 학생들은 연극 대사를 영어로 외우면서 자연스럽게 영어를 온 몸으로 배울 것이다. 연극 연습을 통한 표현력 향상이나 정서 순화는 추가적 교육 효과일 것이다. 고대 민주주의의 발상지였던 아테네에서 연극이 발달하였던 점을 생각한다면 영어연극이 가져 올 민주주의 시민교육의 효과도 있을 것이다. 1차로 선정한 10개 학교의 성과를 1~2년 후 평가하여 점차 참여 학교 수를 확대한다면 시행착오도 줄일 수 있을 것이다. 궁극적으로 영어연극 경연대회를 지역이나 국내를 넘어 국제적 규모로도 확대할 수도 있다. 영어연극이라 언어적 장벽도 없다. 우선 가까운 중국과 일본의 학생들이 참여하여 행사가 국제적 규모로 발전한다면 평택은 동북아시아에서 영어교육의 중심도시로 부상할 것이다.

평택시내 초중등 학교에 수 십 개의 영어 연극반이 있다고 가정해 보자. 우선 영어교육에 일대 변화가 생기지 않겠는가? 이렇게 1차로 평택시에서 10년만 투자하는 것이다. 만약 소기의 목표에 도달하지 못 한다 해도 실패는 아닐 것이다. 학생들은 영어를 배울 것이기 때문이다. 그 결과는 평택의 교육적 자산이 되지 않겠는가? 글로벌화가 진행될수록 영어는 더욱 중요해 지고 있다. 이런 시대적 요구와 지역적 특성에 맞추어 평택이 영어교육을 강화하는 것은 당연한 선택일 것이다. 그 당연한 일을 영어연극으로 시작해 보자는 것이다. 단기적으로 영어교육의 변화를 기대할 수 있을 것이고, 장기적으로는 평택에서 영어사용이 보편화되어 명실상부한 글로벌 평택이 가능한 시대가 오지 않을까? 그런 시대는 저절로 오지 않는다.

2018. 10. 10.

미국 중간선거의 결과 :
패배한 공화당은 당명을 바꿀 것인가?

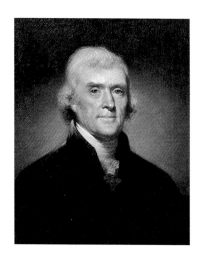

1800년 대선에서 민주공화당(현 민주당의 전신)
후보로는 처음으로 미국 대통령에 당선된 토마스
제퍼슨(Thomas Jeffeson)의 초상화. 렘브란트 필
(Rembrandt Peale)의 1800년 작품.
(출처: https:// commons.wikimedia.org)

지난 11월 6일 화요일(미국시간) 미국의 중간선거가 있었다. 하원의원의 임기는 2년이다. 상원의원의 임기는 6년이지만 매 2년마다 상원의원도 삼분의 일을 새로 선출한다. 대통령의 임기가 4년이기 때문에 대통령 임기의 중간에 하원의원 전체와 상원의원 삼분의 일을 선출하는 선거가 실시된다. 소위 중간선거이다. 2018년 중간선거는 공화당과 민주당이 치열한 선거전을 펼친 가운데 민주당이 하원의 다수의석을 차지하면서 끝났다. 하원의원의 구성 비율에 여당의원 수가 야당의원 수보다 적은 여소야대 현상이 생겼다. 도널드 트럼프 대통령에게는 매우 곤혹스런 상황이다. 패배한 공화당은 어떤 정치를 할 것인가?

우리 한국의 정치경험을 되돌아보면 국회 구성이 여소야대가 되면 즉각 정치권의 개편이 있었다. 친여적 성향의 정당을 여당으로 흡수하여 신 여당이 탄생했다. 야당에서 의원을 빼 오는 행위도 다반사였다. 집권당의 인위적인 구조조정으로 선거결과는 왜곡되었다. 정치인들의 이합집산이 빈번하다보니 정당의 수명도 짧았다. 대통령 임기가 곧 정당의 수명이었다. 정권이 바뀌면 정당의 명칭들도 바뀌었다. 실권한 정당은 스스로 해체 수순의 밟기도 했다. 책임의 주체가 공중 분해되니 책임도 함께 실종되었다.

그러나 미국의 경험은 달랐다. 의회의 구성이 여소야대가 된 상황에서도 구조적인 정치개편은 없었다. 역사적으로 하원 구성의 여소야대는 흔한 일이었다. 특히 중간선거에서 미국 집권당은 일반적으로 패배했다. 직전 정부인 바락 오바마 민주당 정부 때 뿐 아니라 1980년대 국민적 인기가 높았던 로널드 레이건 공화당 정부 시절에도 하원의 구성은 여소야대였다. 레이건 공화당 정부시절 민주당 소속의 하원의장 팁 오닐은 레이건 정부의 개혁 법안에 적극 반대했다. 그러나 레이건의 개혁 법안들은 하원을 통과했다. 여소야대의 대치적 상황에서도 미국 정치는 극한 대결이나 장외투장으로 치닫지 않았다. 의원 개인의 정치적 신념을 기반으로 하는 소신정치가 가능했기 때문이다.

소신정치는 극단적 상황에서도 일어났다. 1941년 12월 7일 일본이 진주만을 기습 공격했다. 다음날 의회에서 일본에 대한 선전포고를 결의할 때 일본과의 전쟁에 반대투표를 한 의원이 있었다. 그러나 해당 의원에 대한 처벌이 논의된 적은 없었다. 최근에도 소신의 정치는 계속되고 있다. 2017년 1월 시작된 트럼프 정부에서 하원과 상원의 다수 의석을 모두 공화당이 차지하고 있었다. 공화당 내 지지만 있어도 모든 법안 처리가 가능한 상황이다. 그러나 트럼프 정부의 핵심 현안 중의 하나였던 현행 의료보험제도(소위 오바마 케어)의 트럼프 개혁안이 의회 통과에 실패했다. 공화당 의원들의 이탈표 때문이었다. 그러나 이탈표를 던진 공화당 의원들에 대한 문책은 거론조차 된 적이 없다.

미국 의회에서 소신 있는 개인정치가 가능한 것은 공천제도가 없기 때문이다. 우리 정당과 같이 공천권을 당의 지도부가 쥐고 있다면 소신정치는 근본적으로 불가능할 것이다. 당 지도부의 결정을 어길 때 의원 개인은 정치 생명을 걸어야 한다. 차기 선거에서 공천을 받지 못할 확률이 높기 때문이다. 우리는 당 지도부의 결정에 무조건 따를 수밖에 없는 구조인 것이다. 거기다 우리 정치문화를 경직시키는 또 다른 문제는 비례대표제도이다. 비례대표제도는 우리 정치가 당권을 중심으로 움직이게 되는 결정적인 이유이다. 당의 지도부가 결정하면 지역구에 출마하지 않아도 국회의원이 될 수 있다. 정당이 국회의원을 사실상 선출하는 것이다. 이렇게 당권이 막강하면 정치인 개인은 나약할 수밖에 없을 것이다.

미국도 1787년 처음 헌법을 제정할 당시 상원의원은 국민이 직접 선출하지 않았다. 대신 각 주의 의회에서 선출했다. 그러나 20세기 초 정치과정에 대한 국민의 직접 참여가 강조되면서 상원의원을 국민이 직접 선출하도록 헌법이 수정되었다. 거기다 의원 개인의 소신정치가 가능해진 결정적인 계기는 예비선거제도의 도입이다. 예비선거제도가 실시되면서 각 당의 후보자를 유권자들이 직접 선택하게 되었다. 정치인 개인에 대한 당의 통제할 수단이 근본적으로 사라진 것이다.

중간선거로 현실이 된 여소야대의 정치상황에서 트럼프 정부는 야당인 민주당을 설득해야 모든 법안 처리가 가능하다. 야당의원들을 설득할 수 있는 합리적인 법안들을 내놓을 수밖에 없다. 트럼프 특유의 독단의 정치는 끝났다. 합리적이고 통합적인 리더십이 필요해졌다. 트럼프 정부의 새로운 면모가 궁금해진다.

그리고 민주당이 무조건 반대도 할 수 없다. 반대에도 설득력이 있어야 한다. 2020년 대통령 선거와 하원의원 선거가 기다리고 있다. 길어야 2년이다. 상원의원도 삼분의 일은 2020년 선거에 나가야 한다. 2018년 중간선거로 미국 하원의 구성이 여소야대가 되었으나 정치권의 개편과 같은 일은 일어나지 않을 것이다. 1854년에 창당한 공화당이 당명을 바꾸는 일은 절대로 없을 것이고. 우리 정치에서도 언젠가 보고 싶은 모습들이다.

2018. 11. 08.

대법원 사태를 보며 :
미국 브라운 판결을 생각한다

1954년 브라운 판결을 이끌어 낸 얼 워렌(Earl
Warren) 대법원장. 그는 1953년부터 1969년까지
연방 대법원장을 지냈다.
(출처: https://commons.wikimedia.org)

대법원의 전임 대법관들이 검찰의 조사를 받고 있다. 대법관도 개인 비리가 있을 수 있고 수사기관의 수사대상이 될 수 있다. 그러나 조사 받고 있는 전임 대법관들의 혐의 내용이 개인 비리가 아닌 대법원 판결과 관련된 것으로 보도되고 있다. 아직 대법원 사태의 전모를 알 수는 없다. 하지만 최고 법원인 대법원의 전직 대법관과 대법원장이 판결과 관련하여 수사의 대상이 되었다는 것은 심각한 일이 아닐 수 없다. 사법적 정의의 위기다.

대법관은 일반 법원의 판사와는 임명 절차부터 다르다. 대법관들은 대법원장의 제청으로 국회의 동의를 얻어 대통령이 임명한다. 임기는 6년이고 연임이 가능하다. 그러나 65세가 되면 정년 퇴직을 해야 한다. 대법원장의 임기도 6년인데 중임은 금지되어 있다. 대법원장의 정년 나이는 70세이다.

우리나라와 달리 미국 연방 대법관은 종신직이다. 80~90살에도 대법관의 자리를 지키는 경우가 많다. 현재 재직 중인 9명의 미국 대법관의 평균 연령은 65.7세이다. 그들 중 최고령자인 긴스버그(Ruth Ginsburg) 대법관은 85세이다. 대법관 후보 지명은 대통령이 하지만, 상원 법사위원회의 청문회를 거쳐 상원 본회의의 인준을 받아야 최종적으로 임명될 수 있다.

미국에서 판사는 '저지(Judge)'라고 불린다. 하지만 대법원 판사는 '저지'라고 부르지 않고 '저스티스(Justice)'라고 한다. '저스티스'란 '정의'라는 뜻이다. 종신직을 보장받는 대법관들은 살아 있는 정의 자체를 상징하게 되는 것이다. 미국 역사상 대법관이나 대법원장이 검찰 수사의 대상이 된 경우는 없었다. 탄핵으로 면직된 대법관도 없었다. 대법관으로 임명된 후에는 자신을 임명한 대통령의 기대와 전혀 다른 판결을 내리는 경우도 많았다. 1954년 브라운 재판(Brown v. Board of Education)이 대표적인 사례이다.

1953년 미국 대통령 드와이트 아이젠하워는 신임 대법원장에 얼 워렌(Earl Warren)을 임명했다. 워렌은 캘리포니아 주 지사(재임기간 1943~1953)를 지낸 정치인이었다. 두 사람은 같은 공화당 출신이었다. 그러나 신임 대법원장 워렌은 아이젠하워의 기대를 임명 직후부터 무너뜨렸다. 첫 사례가 브라운 재판이었다. 브라운 재판은 올리버 브라운(Oliver Brown)이 캔자스 주 토피카 시 교육위원회(Board of Education)를 상대로 하는 소송사건이었다. 브라운은 흑인이었다. 그는 딸을 백인학교에 입학시키길 원했다. 그러나 당시 미국에서 흑인은 백인학교에 입학할 수 없었다. 딸의 입학을 거부당한 브라운이 시 교육위원회를 상대로 소송을 제기한 것이다. 브라운 사건은 하급법원의 판결을 거쳐 마침내 연방 대법원까지 올라갔다.

흑백분리정책은 남북전쟁 후 지켜 온 미국 사회의 기본원칙이었다. 대법원도 1896년 플레시 재판(Plessy v. Ferguson)에서 '분리하나 동등하게(separate but equal)'라는 원칙을 인정했다. 그런데 1954년 브라운 재판에서 신임 대법원장 워렌은 흑백분리는 위헌이라고 판결했다. 50년 이상 지켜 온 대법원의 선례를 뒤집은 것이다. 당시 미국 사회는 흑백분리를 당연시했다. 대통령 아이젠하워도 흑백분리를 당연한 사회규범으로 지지하고 있었다. 그런데 워렌이 아이젠하워 대통령의 기대와 달리 흑백분리가 위헌이라는 판결을 내리는데 앞장선 것이다. 워렌 대법원장의 브라운 판결은 '재판혁명'으로 평가될 수 있는 역사적 사건이었다.

남부사회는 브라운 판결에 거칠게 반대했다. 그러나 브라운 판결은 미국사회의 인종문제를 근본적으로 변화시켰다. 흑인 민권운동의 법적인 근거가 되었다. 흑백으로 분리되었던 학교가 통합되고, 대중교통과 공공시설에서 흑백분리가 사라졌다. 마침내 1964년 민권법의 제정으로 인종차별뿐 아니라 성차별을 비롯한 모든 차별이 불법화되었다. 브라운 판결로 시작된 변화의 결과였다. 대법원이 미국 사회변화의 견인차 역할을 한 것이다.

반대로 지금 우리 대법원은 심각한 위기 속에 빠져 있다. 속한 시일 내에 문제의 전모가 분명히 밝혀져야 한다. 그리고 재발 방지를 위한 근본적인 조치가 반드시 이루어져야 할 것이다. 대법원에 문제가 있다면 하급 법원의 재판을 누가 신뢰할 것인가? 법원이 신뢰를 잃으면 민주주의 자체가 고사한다.

2018. 12. 12.

2019년

평택이 놓치고 있는 것 :
한미역사문화와 일자리 창출

미소공동위원회에 참석한 안재홍
(출처: https://commons.wikimedia.org)

지난 해 서울 용산에 있던 미 8군 사령부가 평택의 캠프 험프리스(Camp Humphreys)로 이전해 왔다. 캠프 험프리스는 미군의 해외 기지 중 규모가 가장 크다. 면적이 400만 평이 넘어 여의도의 다섯 배에 달하고, 미군과 군무원을 합치면 4만 명 이상의 관계자들이 일하고 있다. 평택은 명실상부한 주한 미군기지의 허브(Hub)가 되었다. 결과적으로 평택은 우리나라에서 미국인(미군 포함)이 가장 많이 거주하는 지역이 되었다. 미군기지는 평택의 도시적 특징을 구성하는 중요한 요소로 더욱 큰 역할을 할 것으로 예상된다.

그런데 평택에 미군 기지가 건설된 것은 최근의 일이 아니다. 평택은 6.25전쟁 초반에 미군의 주요 전투지로 부상했다. 소위 평택전투이다. 1950년 7월 6일 미군은 북한군과 오산전투에 이어 평택에서 두 번째 전투를 벌였으나 수 십 대의 T-34 탱크와 중화기로 무장한 북한군을 대항하기에는 역부족이었다. 미군은 평택에서도 패배할 수밖에 없었다. 평택이 미군 기지로 떠오르게 된 것은 1951년 초 1.4후퇴 시기였다. 중공군의 개입으로 후퇴하던 미군이 중공군의 진격을 저지할 최종 방어선으로 선택한 곳이 평택이었다. 평택-원주-삼척을 잇는 방어선을 구축하며 반격을 시작한 미군은 서울을 재탈환한 후, 오늘날의 휴전선(DMZ)까지 치고 올라 갈 수 있었다. 그 후 지금까지 평택은 주한 미군의 핵심기지 역할을 담당해 온 것이다.

평택의 지역역사를 조금만 더 자세히 살펴보면, 미군정 시절에 평택지역 출신의 정치인이었던 민세 안재홍이 1947년 미군정의 민정장관에 임명되었던 사실을 알 수 있다. 민정장관은 1945년 9월부터 남한을 통치하던 미군이 남한 주민의 의견을 미군정에 반영하기 위하여 설치한 직위로 한국인에게는 최고위 자리였다. 평택 출신인 안재홍이 그 직위를 맡았다는 점에서 평택은 미군정의 역사와도 깊은 연결고리를 갖고 있는 것이다.

6.25전쟁 중 미군기지가 평택에 건설된 이후 평택의 많은 주민들이 미군기지와 관련된 일에 종사해왔다. 팽성과 송탄에는 미군을 주요 고객으로 하는 상권도 형성되었다. 물론 미군기지와 주민 사이에 어려운 부분도 있었다. 몇 년 전에는 미군기지 확장을 둘러싸고 해당 지역 주민들과의 갈등도 노출되었다. 그만큼 미군기지는 직접 혹은 간접적으로 지역민의 삶 자체에 매우 큰 영향을 끼친 존재였다. 이런 역사는 평택이 미군기지와 관련하여 한미관계사에서 중요한 역할을 담당하고 있음을 보여주는 반증이기도 하다.

그런데 70년 가까이 거대한 미군 기지를 품어 왔고, 또한 현재 주한 미군기지의 허브로 부상한 평택에 한미관계의 역사를 보여주는 박물관이 하나도 없다는 사실은 매우 아쉬운 현실이다. 이런 상황은 평택만이 가지고 있는 지역역사의 귀중한 문화적 자산을 제대로 활용하지 못하고 있음을 보여주는 일면이기도 하다. 따라서 지역 역사문화의 자산을 효과적으로 활용할 대책이 필요하다.

한미역사 박물관(또는 문화관)은 한미 문화를 모두 포괄하는 양방향으로 추진되어야 한다. 현재 수만 명의 미군기지 관계자들이 평택으로 이주하고 있다. 우리문화를 모르는 외국인들이 대거 몰려오는 것이다. 그런데 이들은 평택의 외부인이자 동시에 평택의 주민이다. 지역의 같은 공간에서 생활하게 된다. 서로 만날 수밖에 없고, 상호관계가 형성될 수밖에 없다. 좋은 관계는 상호간의 이해가 증진될 때 가능하다. 미군들에게는 한국을 이해하는 문화적 소양이 필요하고, 평택주민은 미국문화를 잘 이해해야 하는 필요성이 요구된다. 그렇다면 미국문화와 한국문화를 어떻게 서로 효과적으로 배워갈 수 있을까?

여러 가지 방법이 있을 것이나, 우선 효과적인 방법 중 하나가 한국과 미국문화를 함께 배울 수 있는 한미역사 박물관의 설립이다. 영어와 한국어로 운영되는 한미역사 박물관을 통해 평택 거주 미국인들과 지역주민들은 서로의 문화를 효과적으로 배우며 상호간 이해를 높여갈 수 있다. 무엇보다 한미관계의 역사를 소개함으로써 글로벌 시대를 살아가는 청소년들에게는 세계관을 확대하는 교육의 장소가 될 수 있다. 또한 평택 지역을 방문하는 국내와 외국 관광객에게는 주한 미군의 역사를 한 눈에 살펴 볼 수 있는 역사탐방의 장소가 될 것이다. 아울러 미국역사와 미국문화를 경험할 수 있는 체험공간으로 활용한다면, 평택을 대표하는 관광명소가 될 수 있다. 이렇게 평택의 역사에 바탕을 둔 한미역사 박물관의 설립은 교육과 관광의 측면에서 시급히 실현해야 할 과제이다.

경제적으로 어려운 시기에 역사박물관의 건립이 무슨 말이냐는 반대가 있을 수 있다. 그러나 지금은 경제 패러다임이 바뀌는 4차 산업혁명시대이다. 문화가 기술과 융합하여 경제를 선도하는 문화경제시대이다. 지역의 역사를 일자리 창출의 새로운 돌파구로 활용한다면 역사문화관은 지역경제를 살리는 역할도 할 것이다. 좋은 박물관 하나는 좋은 공장보다 더 많은 부를 만들어 낼 수 있다. 강원도 영월군은 박물관을 지자체의 성장 동력으로 활용하고 있다. 인구가 겨우 4만에 불과한 작은 지자체에 박물관만 수십 개가 있어서 많은 관광객을 유치하고 있다. 역사문화는 일자리 창출을 위한 원석이다. 가공하면 많은 일자리가 창출될 수 있다. 미 8군이 평택으로 이전한 지금은 평택의 역사문화의 자산을 적극 활용할 적기이다. 한미역사 박물관(또는 문화관)의 건립을 적극 제안한다.

2019. 01. 09.

링컨이 위대한 이유 :
화해와 포용의 리더십

아브라함 링컨(1865년 2월). 전쟁에 지친 모습이
역력하다.
(출처: 미국 의회 도서관)

지난 2월 5일 미국 대통령 도널드 트럼프가 국정연설(the state of the union address)을 했다. 대통령의 국정연설은 헌법에 규정된 것은 아니지만 미국 정치의 오래된 전통이다. 국정연설에서 트럼프는 화합을 강조했다. 하지만 미국은 유례를 찾기 어려울 정도로 여야가 대치하고 있다. 트럼프가 이런 상황을 극복하고 성공한 대통령으로 기억될지 의문이다. 그러나 미국 역사 속에는 지금보다 더욱 심각한 분열을 극복하고 성공한 대통령도 있었다. 아브라함 링컨이다. 링컨은 임기의 대부분을 남북전쟁, 즉 내전으로 보냈다. 그러나 링컨은 위대한 지도자로 평가받고 있다. 그 이유는 무엇이었을까?

　　1865년 4월 9일, 미국의 내전이 끝났다. 남부군 총사령관 로버트 리(Robert Lee) 장군은 버지니아 주 아포마톡스(Appomattox)에서 항복했다. 상대는 연방군 총사령관 율리시스 그랜트(Ulysses Grant)장군이었다. 1861년 4월부터 만 4년 동안 미국은 내전의 고통에 시달렸다. 당연히 전쟁의 피해도 컸다. 건물과 토지와 같은 재산 피해는 둘째 치고 전사자만 60만 명에 이르렀다. 이것은 미국이 1차 대전과 2차 대전 그리고 6.25전쟁과 베트남 전쟁에서 잃은 전사자 수를 모두 합친 수보다 많았다. 당시 미국의 총 인구는 약 3천만 명 정도였다. 피해의 규모만큼 상대방에 대한 원한도 컸음은 쉽게 짐작할 수 있다.

　　인류 역사에서 반란의 괴수들은 즉결 처분되는 경우가 많았다. 반란을 모의만 하여도 사형에 처하는 것이 상식이었다. 그나마 승자가 패자에게 자비를 베푸는 것이 재판을 받게 하는 정도였다. 이런 경우도 대부분의 반란군 지도자들은 사형장의 이슬로 사라지고 말았다. 반란의 최고 지도자에게만 해당하는 것도 아니었다. 반란에 가담한 친족 때문에 가문 전체가 멸족을 당하는 경우도 많았다. 반란 지역에 살았다는 이유만으로도 처벌의 대상이 되었다. 반란은 반드시 패자에 대한 처벌로 끝이 난다는 것을 역사는 가르쳐준다.

아포마톡스에서 항복한 남부군 총사령관 로버트 리 장군은 어떻게 되었을까? 상식적으로 볼 때 항복한 리 장군은 미국 국내법에 따라 반란군의 괴수로 수갑을 차고 유치장에 갇혀야 했다. 아니면 남부를 교전단체로 인정한다면 리 장군은 국제법에따라 무장해제를 당한 후 포로수용소로 이송되어야 했다. 그러나리 장군은 계급장을 떼이지도 않았고 무장해제를 당하지도 않았다. 아무 일도 없었다는 듯이 그는 자신이 타고 왔던 말을 타고 되돌아갔다. 나중에 리 장군은 버지니아 주에 있는 대학(지금의 Washington and Lee University)의 총장이 되어 후진을 양성하며여생을 보냈다. 리 장군만 예외적인 취급을 받은 것은 아니다. 연방 대통령 링컨은 남부 지도자 중 누구에게도 반란의 책임을 물을 마음이 없었다.

남북전쟁 중 링컨은 반란을 일으킨 남부지역이 연방으로 복귀할 수 있는 조건을 제시했다. 해당 주에 거주하는 주민의 10퍼센트만 찬성한다면 조건 없이 연방에 복귀시킨다는 계획이었다. 특히 그는 1865년 3월 초에 있었던 제 2차 대통령 취임식에서 패배가 확실한 남부에 대한 '자비'를 강조했다. 따라서 연방 총사령관 그랜트 장군은 항복한 리 장군을 아무 책임도 묻지 않고 남부로 돌려보낼 수 있었던 것이다. 그 후 항복한 다른 남부군들도 모두 집으로 돌려보냈다.

그러나 1865년 4월 14일 링컨이 암살되자 상황은 급변했다. 남부에 대한 복수심이 폭발했다. 남부 대통령 제퍼슨 데이비스(Jefferson Davis)는 체포되어 감금되었다. 그는 2년간 옥고를 겪었다. 연방군이 점령한 남부지역은 그 후 10년 넘게 연방군의 통치를 받아야 했다. 1877년에야 남부에 대한 연방군의 군정이 종식되었다. 링컨이 암살되기 전에 발표한 계획과는 매우 다른 정책들이었다.

현재 워싱턴 한 복판에 있는 거대한 링컨 기념관의 양쪽 벽에 두 개의 링컨 연설문이 새겨져 있다. 입구의 왼쪽 벽에는 게티즈버그 연설문, 그리고 오른쪽 벽에는 2차 취임연설이 음각되어 있다. 게티즈버그 연설은 전쟁이 한창이던 1863년 11월에 행한 연설이다. 게티즈버그 연설에서 링컨은 전사자들을 추모하면서 내전의 역사적 의미에 대해 말했다. 무엇보다 '국민의, 국민에 의한, 국민을 위한 정부'라는 부분은 민주주의의 요체를 밝힌 명연설로 평가된다.

그러나 링컨 리더십의 진면목은 그의 2차 취임연설에서 찾을 수 있다. 2차 취임식은 1865년 3월 4일에 있었다. 내전의 끝이 보이던 시기였다. 링컨은 2차 취임연설에서 반란군에 대한 법적 단죄나 정의의 실현을 부르짖지 않았다. 대신 그는 "누구에게도 악의를 품지 말고, 모든 사람을 위한 자비(With malice toward none; with charity for all)"를 강조했다. 미국인들이 신성한 장소로 여기는 링컨 기념관(링컨 기념관에는 "temple(성전)"이라 적혀 있음)에 새겨진 2차 취임연설은 링컨의 위대한 점이 그의 능력만이 아니었음을 보여준다. 그를 위대한 지도자로 만든 보다 중요한 이유는 패자에게 베푼 '자비'였던 것이다. 상대를 끌어안는 화해와 포용의 리더십은 링컨에게만 가능한 것일까?

2019. 02. 13.

링컨 기념관에서 저자(2008년 7월)

#

3·1운동 100주년을 보내며 :
윌슨 대통령은 왜 실패하였는가?

우드로 윌슨(Woodrow Wilson) 대통령(1919)
(출처: 미국 의회 도서관)

100년 전 민족자결주의를 근거로 3·1독립운동이 일어났다. 그러나 민족자결의 꿈은 현실이 되지 못했다. 1945년 8월 15일에야 독립할 수 있었다. 3·1운동의 정치적 근거가 되었던 민족자결주의는 왜 국제질서의 새로운 원칙으로 작동하지 못하였던 것인가? 여러 가지 이유 중 민족자결주의를 주창한 미국 대통령 우드로 윌슨(Woodrow Wilson)을 살펴보면 그 이유를 일부 이해할 수 있다. 3·1운동 100주년을 보내면서 윌슨 대통령이 남긴 역사적 교훈을 살펴보기로 한다.

1918년 초 미국 대통령 윌슨은 민족자결주의를 주창했다. 의회에서 행한 국정연설에서 윌슨은 각 민족은 스스로 정치적 운명을 결정할 권리를 가진다고 주장했다. 윌슨의 연설이 나온 시기는 1차 세계대전에 미국이 참전한 몇 달 후였다. 미국은 전통적으로 유럽에 대해 고립주의 외교노선을 취하고 있었다. 그러나 윌슨은 1차 세계대전에 개입했다. 미국의 참전배경에는 독일의 무제한 잠수함 작전과 멕시코에게 미국과 전쟁을 부추킨 독일 외무장관의 전보문이 결정적으로 작용했다.

1917년 1차 대전에 개입하면서 윌슨 대통령은 미국의 참전 목적은 '민주주의'와 '평화'를 위한 것이라고 주장했다. 미국은 제국주의적 욕심이 없음을 적극 내세웠다. 1차 대전 중 5만 명 이상의 미군이 목숨을 잃었다. 외교사적 분수령에 해당하는 충격적인 사건이었다. 1차 대전을 지켜보면서 윌슨은 또 다른 세계대전을 방지해야 한다는 생각을 했다. 그런 생각이 1918년 국정연설에서 민족자결주의로 표현된 것이다. 같은 연설에서 윌슨은 전후 국제질서를 혁신시킬 새로운 방안을 구체적으로 제시했다. 그것이 14개조 외교정책이었다. 14개 조항 중 윌슨이 가장 중시한 것이 국제기구의 창설이었다. 그리고 1919년 6월 파리강화회의에서 윌슨은 국제연맹의 창설을 관철시켰다.

파리에서 귀국하던 윌슨은 가슴이 벅찼다. 자신의 주도로 국제연맹을 창설하게 된다는 것이 꿈만 같았다. 전쟁의 원인인 국가 간 갈등을 국제연맹에서 논의를 통하여 해결한다면 전쟁은 영원히 사라질 것처럼 보였다. 부친이 목사였고 자신도 독실한 장로교 신자였던 윌슨은 평화의 선지자가 된 기분이었다. 그는 서둘러 상원에 베르사유 조약의 비준을 요청했다. 그런데 상원의 반응이 예상 밖이었다.

베르사유조약 자체에 부정적인 의견을 가진 의원이 많았다. 베르사유조약의 일부로 채택된 국제연맹 규약에 문제가 있다는 의견이었다. 국제연맹에서 국제문제를 논의하여 결정한다면 미국의 국익에 반대되는 결정도 나올 수 있다고 보았다. 그런 경우 거부권이 인정되지 않아 미국의 주권이 침해된다고 주장했다. 주권 침해의 가능성을 이유로 미국 상원은 베르사유조약의 비준을 거부할 태세였다. 상원의 부정적인 움직임을 감지한 윌슨은 여당인 민주당 의원들에게 조약의 비준을 독촉했다. 그러나 상원 외교위원장이던 공화당의 헨리 로지(Henry C. Lodge) 의원은 베르사유조약의 비준을 의도적으로 방해했다.

조약의 비준이 난관에 부딪치자, 윌슨은 순회강연에 나섰다. 열차를 전세 내어 전국을 순회하며 국제연맹의 필요성을 주장했다. 그런데 1919년 9월 윌슨이 콜로라도 주 프에블로에 도착하였을 때 과로로 쓰러졌다. 급히 백악관으로 돌아갔으나, 며칠 후 뇌졸중으로 반신불수가 되었다. 수개월 후 어느 정도 회복은 하였으나 건강 상태는 좋지 않았다. 1921년 3월 퇴임 때까지 윌슨은 제대로 걸을 수도 없었다.

한편 상원은 베르사유조약을 무조건 거부할 수 없었다. 대부분의 강대국이 참여한 국제조약이었다. 조약의 비준을 지지하는 국내 여론도 많았다. 상원 외교위원장 로지는 타협안을 내놓았다. 국제연맹규약의 일부를 수정하는 타협안이었다. 윌슨이 동의하면 민주당 의원들도 로지의 타협안에 가세할 태세였다. 그러나 윌슨은 타협안을 거부했다. 그는 민주당 의원들에게 타협안에 대한 반대투표를 지시했다. 타협안은 상원 통과에 실패했다. 윌슨이 주장하던 베르사유조약의 원안도 결국 비준에 실패했다.

베르사유조약의 비준 실패는 윌슨 외교의 파산이었다. 미국은 국제연맹에 가입할 수 없었다. 반면 승전국의 하나였던 일본은 국제연맹의 회원국이 되었다. 우리의 3·1운동에서 주장하던 독립의 꿈은 멀어지고 말았다. 만약 미국 상원이 베르사유조약을 비준하고, 미국이 국제연맹을 주도하였다면 우리의 독립은 어떻게 되었을까? 알 수 없다. 분명한 것은 윌슨이 타협안에 동의하였으면 베르사유조약의 상원 비준이 가능하였다는 점이다. 하지만 윌슨은 베르사유조약의 타협안을 거부하고 오직 원안의 비준만 주장했다. 윌슨은 자신이 옳다고 믿었다. 타협보다는 패배를 택했다. 독선의 정치였다. 본질적으로 정치의 기본은 타협이다. 1차 대전의 잘못된 처리가 2차 대전을 불러왔다는 것이 역사적 평가이다. 윌슨도 그 책임을 벗어날 수 없다. 타협을 거부한 정치인에게 부과되는 역사적 문책이다. 타협 없는 정치는 모두를 역사의 패자로 만들 뿐이다.

2019. 03. 13.

미세먼지 속을 걸으며 :

'흙폭풍(Dust Bowl)'과 미국의 대응

1935년 4월 14일 캔자스 주 롤라(Rolla, Kansas) 마을에 불어 닥친 흙폭풍. 당일 찍은 사진을 체이스 윌리엄스(Chas, P, Williams)가 같은 해 5월 6일에 대통령 루스벨트에게 보냈다. (출처: 프랭클린 루스벨트 대통령 기념 도서관)

1935년 4월 14일 일요일, '흙폭풍(Dust Bowl)'이 미국 남서부지역을 강타했다. 흙폭풍의 진원지는 텍사스, 오클라호마, 캔자스, 콜로라도 주 등 미국 남서부 대평원이었다. 흙폭풍 진원지의 주민들은 외출이 불가능했다. 수 미터 앞도 보이지 않아 밖에 있는 화장실까지 줄을 매 놓고 그것을 붙잡고 다녀야 했다. 흙폭풍이 몰고 온 흙과 모래는 차와 집을 덮고, 모래구릉을 만들었다. 천으로 창틈까지 막았으나 흙먼지를 막지는 못했다. 집 안은 온통 흙먼지로 뒤덮였다. 언론은 당일의 재난을 "검은 일요일(Black Sunday)"이라고 불렀다.

그런데 흙폭풍이 그 날 하루만 발생한 것이 아니었다. 남서부지역에서는 1930년 이래 수년 째 이어진 흙폭풍으로 수 백 만 명의 주민들이 타 지역으로 이주하고 있었다. 미국은 역사상 최악의 자연 재앙을 겪고 있었던 것이다.

1962년 노벨문학상을 수상한 존 스타인벡(John Steinbeck)의 소설 『분노의 포도(The Grapes of Wrath)』는 흙폭풍으로 고생하는 사람들의 삶을 보여준다. 그의 소설 속 주인공인 조드(Joad) 가족은 계속된 가뭄과 그에 따른 흙폭풍으로 모든 것을 잃었다. 오클라호마 주에서 농사를 짓던 조드 가족은 트럭 한 대에 남은 가재도구를 싣고 캘리포니아 주를 향해 길을 떠났다. 도중에 조부모가 사망하는 시련을 겪으며 목적지에 도착했다. 그러나 그들을 기다리고 있는 것은 낙원이 아니었다. 조드 가족 외에도 수많은 사람들이 일자리를 찾고 있었다. 과수원 일로는 끼니도 해결하기 어려웠다.

지금의 미국인들에게 흙폭풍은 낯선 현상이다. 그러나 1930년부터 1940년까지 10년 동안 미국은 심각한 흙폭풍을 경험했다. 원인은 사람에게 있었다. 미국 남서부는 미국에서 가장 늦게 개발된 지역이었다. 19세기에는 넓은 야생 초지를 이용해 소나 말을 길렀다. 덥고 강수량이 적은데다 토질까지 단단해 농사가 어려운 지역이었다. 그런데 1920년대 트랙터와 콤바인 같은 신형 농기계가 보급되면서 남서부 지역의 농업에 큰 변화가 찾아왔다. 농민들은 농사를 짓지 않던 야생풀 서식지도 갈아엎고 옥수수를 심기 시작했다. 마침 1919년 1차 대전이 종식된 후 유럽은 미국의 곡물을 대량 소비하고 있었다. 곡물가격이 오르자 농민들은 농토를 마구 확장해갔다.

문제는 야생풀 서식지가 사라지면서 시작되었다. 야생풀은 해당 지역의 자연조건에 맞게 뿌리를 깊이 내려 여름 가뭄을 견디어냈다. 지표를 덮고 있던 야생풀 덕분에 토양의 수분도 오래 보존되었다. 그런데 1930년부터 심한 가뭄이 시작되었다. 가뭄에도 농민들은 트랙터로 밭을 갈았다. '밭을 갈면 비가 온다.'는 미국 속담이 있다. 그러나 갈아 놓은 땅에 비가 오지 않자 흙먼지가 바람에 날리기 시작했다. 강풍이 불면서 흙먼지는 흙폭풍으로 변했다. 처음에는 남서부 지역에만 흙폭풍이 영향을 주었으나 시간이 갈수록 확대되었다. 특히 텍사스, 오클라호마, 캔자스, 콜로라도 주가 맞닿은 지역은 최악의 진원지였다. 해당 지역의 피해는 농업뿐만이 아니었다. 흙먼지로 인한 폐렴과 폐결핵

환자가 급증했다.

흙폭풍이 심해지자 연방정부가 적극 나섰다. 1933년 시작된 프랭클린 루즈벨트 행정부는 취임 초부터 남서부 지역의 흙폭풍을 해결하고자 노력했다. 정부는 흙폭풍 진원지에 나무를 심도록 했다. 해당 지역에 2억 그루 이상의 나무를 심었다. 토양이 바람에 날리는 것을 방지하기 위하여 농지 주변에 방풍림(shelterbelt)을 조성했고, 밭을 일직선으로 갈지 않고 구부러지게 가는 새로운 밭갈이 방식도 보급했다. 농지로 변한 야생풀 서식지는 대규모로 환원시켰다. 거기다 1940년이 되자 비가 오면서 긴 가뭄이 풀렸다. 자연스럽게 흙폭풍 문제도 해결되었다. 지금 미국 남서부 대평원 지역에 가면 끝없이 넓은 숲과 초지를 볼 수 있다. 흙폭풍은 역사만 기억할 뿐이다.

4월이다. 봄꽃이 만발했다. 하지만 외출이 썩 내키지 않는다. 미세먼지 때문이다. 평택과 주변 지역은 우리나라에서 최악의 미세먼지 피해지역으로 알려졌다. 이곳에서 발생하는 미세먼지도 있지만 외부 지역으로 부터 유입되는 미세먼지가 더 많다고 한다. 해당 지역의 차원에서 해결될 수 있는 문제가 아니다. 이제 곧 중국발 황사까지 겹친다면 우리는 올 봄 몇 번이나 푸른 하늘을 볼 수 있을지 걱정이다. 대책은 무엇일까? 그저 자주 비가 오기만 기다려야 할까? 정부는 보다 적극적으로 미세먼지대책에 나서야 한다. 봄꽃을 보며 편한 마음으로 걷고 싶다.

2019. 04. 10.

# #

1882년 5월 22일 :
한미조약체결일을 생각하며

1883년 미국에 파견된 견미사절단 일행. 앞줄 오른
쪽부터 오예당(중국인), 서광범, 민영익(정사), 홍영식
(부사), 퍼시벌 로웰(미국인) 뒷줄 왼쪽부터 현흥택(무
관), 미야오카 츠네지로(일본인 통역), 유길준, 최경석
(무관), 고영철, 변수
(출처: https://commons.wikimedia.org)

1882년 5월 22일, 우리나라는 조미수호통상조약(한미조약)을 체결했다. 서양국가와 맺은 첫 조약이었다. 이듬해 미국 공사 푸트(Lucius Foote)가 부인을 대동하고 부임해 왔다. 1883년 5월이었다. 한미조약이 체결되자 영국을 비롯한 서양 열강들이 줄지어 조선정부에 조약 체결을 요청했다. 푸트공사가 부임한 답례로 조선은 민영익과 홍영식을 포함한 견미사절단을 미국에 파견했다. 미국을 본 홍영식은 근대화의 열망으로 마음이 급했다. 1884년 갑신정변은 급한 마음에서 나온 정치적 패착이었다.

그러나 근대화를 향한 우리의 발걸음은 멈추지 않았다. 1887년 경복궁에 전기불이 켜졌다. 에디슨(Thomas Edison)이 전기를 발명한 지 5년 만이었다. 동문학과 육영공원을 차례로 설립하며 정부가 앞장서 영어 교육을 실시했다. 미국 선교사들은 교회를 세우고 학교를 개설했다. 미국 자본가들도 들어왔다. 철도를 부설하고 광산을 개발했다. 미국 자본가들에게는 돈벌이가 목적이었지만 우리에게는 신기술을 배울 수 있는 기회였다. 1902년 12월 미국으로 가는 첫 이민선이 인천항을 떠났다. 1905년까지 7천 명에 가까운 이민자들이 미국을 삶의 새로운 터전으로 선택했다. 그러나 1905년 을사늑약은 우리의 자주적 근대화의 기회를 뿌리 뽑아버렸다.

1905년부터 한미관계는 긴 공백 기간을 보냈다. 1945년 일본의 항복으로 한미 양국은 새로운 관계를 맺기 시작했다. 6.25전쟁으로 두 나라는 동맹국이 되었다. 그 후 70년 가까이 지나면서 동맹관계도 변화하고 발전했다. 우리는 현재 미군 주둔비의 거의 절반을 부담하고 있다. 전쟁의 폐허 속에서 원조를 받던 국가가 동맹의 대등한 파트너가 된 것이다.

한미동맹관계에서 우리가 살고 있는 평택은 동맹의 심장이다. 주한미군의 핵심 시설이 모두 이곳 평택에 있다. 기지의 규모 자체도 여의도의 수 배에 달한다. 미군기지 관계자들을 모두 합치면 수 만 명에 이른다고 한다. 많은 미국인들이 평택시민과 같은 공간에서 생활하고 있다. 그러나 평택시민과 미군은 서로 이방인이다. 언어가 다르고 문화도 다르다. 물리적으로 평택시민은 기지 안으로 들어 갈 수도 없다. 평택시민에게 미군기지는 외국일 뿐이다.

미군들의 사정은 다르다. 미군들은 언제든지 기지 밖으로 나올 수 있다. 그러나 꼭 필요한 경우가 아니면 미군들은 기지 밖으로 나오지 않는다. 무엇보다 기지 안에 주거시설이 잘 갖추어져 있다. 생필품도 부대 면세점에서 저렴하게 구입할 수 있다. 기지 밖으로 나올 이유가 없다. 미군이 평택에 의존하는 것은 아무 것도 없다. 다만 땅만 빌려 쓸 뿐이다. 미군들은 1년 정도 평택에 살지만 평택을 거의 모르고 떠난다. 그렇다면 평택은 무엇인가 놓치고 있는 것은 아닐까?

기지 안의 미군이나 기지 밖의 우리들이나 각 개인은 거의 비슷한 삶을 산다. 모두 가족들을 가장 소중하게 생각하고 가족들의 평범한 일상이 유지될 수 있도록 힘껏 노력한다. 언어와 문화는 다르지만 봄꽃을 좋아하고 아름다운 것을 즐긴다. 개인적 취향은 다를 수 있지만 본성은 모두 같다. 즐겁고 아름다운 일로 우리는 국적을 초월해 정겨운 이웃이 될 수 있는 것이다. 평택에 사는 동안 미군과 그 가족들이 평택시민과 이웃이라는 느낌을 가질 때, 기지 밖으로 자주 나올 마음이 더 커지지 않을까?

관광이 산업이 된 시대이다. 이미 옆에 와 있는 외국인은 우리의 소중한 관광 자산이다. 자연이 선물한 아름다운 5월에 평택시민과 평택에 거주하는 미군가족들이 서로 만나는 문화행사가 있다면 우리의 관광 자산은 더 커지게 될 것이다. 특히 5월 22일은 한미조약을 체결한 날이다. 이날을 기념하여 미군과 그 가족들이 평택시민들과 함께 걷고, 음악을 듣고, 음식을 맛보는 축제를 함께 즐긴다면 우리는 서로 가까운 '글로벌 사촌'이 될 수 있을 것이다. 외국인들이 살고 싶은 도시는 주민에게도 좋은 도시이다. 5월 22일을 평택시가 선도적으로 '한미조약의 날(Korea-US Treaty Day)'로 지정하여 기념하고, 축제도 주관할 것을 제안하고 싶다.

2019. 05. 08.

김구 서거 70년 :
『백범일지』 속 미국과 백범의 꿈

백범 김구(1949)
(출처: https://commons.wikimedia.org)

1949년 6월 26일 백범 김구가 암살당했다. 올해로 서거 70년이 된다. 해방 공간에서 김구는 1947년『백범일지』를 출판했다. 당시 김구는 신탁통치에 반대한 후 유엔 감시 하의 남북한 총선거는 지지하고 있었다. 북한이 총선을 거부하자 김구는 남북협상을 위해 평양을 방문했다. 결국 북한은 총선에 참여하지 않았다. 김구 역시 1948년 5.10선거에는 참여하지 않았으나 민족의 장래문제로 노심초사하던 중 암살당했다.

김구는 철저한 민족주의자였다. 그는『백범일지』에서 "소위 좌우익이란 것도 결국 영원한 혈통의 바다에 일어나는 일시적인 풍파에 불과하며," 또한 "모든 사상도 가고 신앙도 변한다. 그러나 혈통적인 민족만은 영원히 성쇠흥망의 공동 운명의 인연에 얽힌 한 몸으로 이 땅위에 나는 것"이라고 주장했다. 그에게 민족은 사상이나 종교도 초월하는 최고의 가치였다.

민족주의자 김구가 세우고 싶은 나라는 자유국가였다. 그는 자신의 정치이념은 자유이며, 새 국가에 가장 필요한 것은 자유라고 생각했다. 그는 독재정권을 혐오했다. 그에 따르면 독재 중에서도 "가장 무서운 독재는 어떤 주의, 즉 철학을 독재로 하는 계급독재"였다. 계급독재는 조직된 집단이 독재의 주체가 되어 제거하는 것이 몹시 어렵기 때문이었다. 특히 "공산당이 주장하는 소련식 민주주의란 것은 이러한 독재정치 중에도 가장 철저한 것이어서 독재정치의 모든 특징을 극단으로 발휘하고 있다."고 김구는 비판했다.

김구가 제시한 자유국가의 모델은 미국이었다. 『백범일지』속 미국은 사상과 언론의 자유가 보장된 진정한 자유의 국가였다. 미국 민주주의에 대해 그는 "독재국에 비겨서는 심히 통일이 무력한 것 같고 일의 진행이 느린 듯하여도 그 결과로 보건대 가장 큰 일을 발하고 있으니 이것은 그 나라의 민주주의 정치의 효과"라고 평가했다. 그는 "소련의 독재적인 민주주의"와 비교하여 "미국의 언론 자유적인 민주주의"를 더 우월한 제도로 보았다. 김구가 미국식 제도를 소련식 제도보다 더 높이 평가한 가장 중요한 이유는 미국의 사상과 언론의 자유였다.

그러나 김구에게 미국의 민주주의 정치제도가 반드시 완성된 제도는 아니었다. 또한 우리가 미국식 제도나 문화를 그대로 베끼는 것에도 반대했다. 그는 "나는 미국의 민주주의 제도를 그대로 직역하자는 것"은 아니라고 분명히 밝혔다. 대신 그는 "남의 나라의 좋은 것은 취하고 내 나라의 좋은 것을 골라서 우리나라의 독특한 좋은 제도를" 만들자고 제안했다.

궁극적으로 김구가 꿈꾸던 나라는 문화강국이었다. 경제는 우리의 생활을 풍족하게 할 정도면 되고 국방력은 외침을 막을 정도면 족했다. 중요한 것은 문화였다. 그가 "오직 한없이 가지고 싶은 것은 높은 문화의 힘"이었다. 문화강국은 사상의 자유와 국민 교육이 선결되어야 가능했다. 그에게 자유란 증오와 투쟁을 위한 자유가 아니라 가족, 이웃, 국민을 위해 쓰는 자유를 의미했다. 그는 "공원의 꽃을 꺾는 자유가 아니라 공원에 꽃을 심는 자유"를 강조했다.

『백범일지』를 출판하면서 김구는 우리 민족이 30년만 노력하면 괄목할만한 발전을 이룰 것으로 믿었다. 김구가 생각한 시간보다 두 배 이상 세월이 흘렀다. 백범사상은 지금 우리에게 어떤 의미를 갖는 것일까? 백범 서거 70주기를 맞아 『백범일지』의 일독을 권하고 싶다. 미국 상원은 초대 대통령 조지 워싱턴의 「고별사(Farewell Address)」를 본회의에서 읽는 공식행사를 매년 하고 있다. 워싱턴 연설문은 빠르게 읽어도 40분 정도 걸린다. 2019년 올해도 예외 없이 낭독행사가 있었다. 네브래스카 주 연방 상원의원 뎁 피셔(Deb Fisher)가 상원을 대표해 낭독했다. 백범 김구의 애국심과 비전은 결코 미국 대통령 워싱턴에 못지않았다. 서거 70주기에 국회나 평택시의회가 『백범일지』 중 「나의 소원」을 낭독하는 행사를 갖는 것은 어떨까?

2019. 06. 12.

# #

트럼프 판문점 회담을 보며 :
비핵화 없는 비핵화 협상 가능할 것인가?

2019년 6월 30일 판문점에서 만난 트럼프
대통령과 북한 김정은 위원장
(출처: https://twitter.com/realDonaldTrump/
status/1146187702129307648)

지난 6월말 도널드 트럼프 미국 대통령이 다녀갔다. 1박 2일의 방문이었다. 짧은 방문 기간 동안 트럼프 대통령은 문재인 대통령뿐 아니라 북한의 김정은 위원장과도 만났다. 트럼프-김정은 회담은 트럼프 대통령의 깜짝 제안으로 이루어진 '번개 미팅'이었다. 외교적 절차를 생략한 매우 이례적인 사건이었다. 트럼프 대통령은 김정은 위원장의 얼굴을 잠깐 보는 정도를 기대한 것 같았으나 만남의 시간은 길어졌다. 북미 사이의 교착된 북한의 비핵화 협상은 새로운 국면을 맞이한 분위기이다.

그동안 트럼프는 김정은과 2차례 정상 회담을 가졌다. 2018년 6월 싱가포르에서 처음 두 사람이 만났을 때 세계 언론의 기대는 대단했다. 북미 정상이 만났다는 것 자체가 의미 있었다. 싱가포르 회담 때 북한의 비핵화에 대한 구체적인 합의는 없으나 실망은 크지 않았다. 이어서 2019년 2월 하노이 회담이 있었다. 구체적인 합의사항이 나올 것을 기대했으나 결과는 참담했다. 두 정상은 합의할 수 없다는데 합의하며 회담을 마쳤다. 지난 6월 30일 판문점 만남에서도 변화를 기대했으나 회담 후 발표 내용은 실무진이 협상을 계속한다는 것이 전부였다.

북미 양측이 구성할 새 협상 팀은 합의의 돌파구를 만들 수 있을까? 트럼프는 북한과의 비핵화 협상을 서둘지 않겠다고 여러 번 밝혔다. 비핵화에 대한 미국의 양보를 기대할 수 없는 발언이다. 트럼프 외교의 특징은 일방주의이다. 북미자유무역협정(NAFTA)을 일방적으로 파기하고 대신 미국-캐나다-멕시코협정

(USMCA)을 체결했다. 환태평양경제동반자협정(TPP) 가입을 철회했고, 파리기후협정(Paris Agreement)에서도 탈퇴했다. 이란과 체결했던 핵 협약도 일방적으로 파기했다. 멕시코 국경의 장벽 건설은 일방적으로 몰아붙이고 있다. 트럼프 외교는 미국 일방주의의 극단적 사례이다. 북한과의 비핵화 협상에 대해서만 트럼프가 예외적인 모습을 보일 수 있을까?

거기다 2020년 미국 대선이 있다. 이미 20명 이상의 민주당 예비후보자들이 전국을 순회하며 트럼프에 대한 비판의 강도를 높이고 있다. 20명 이상의 예비후보자가 난립한 것은 미국 예비선거 사상 초유의 사건이다. 트럼프 타도를 외치는 민주당의 열망을 보여주는 부분이다. 사실 2016년 대선 때도 민주당 후보 힐러리 클린턴이 일반투표에서는 트럼프 후보를 앞질렀다. 표 차이가 280만 표가 넘었다. 우리 선거방식이라면 클린턴의 압승이었다. 2020년 대선의 결과를 당장 예측하는 것은 어렵다. 하지만 현재 미국의 정치 상황을 볼 때 2020년 대선에서 트럼프의 재선은 장담할 수 없다. 특히 트럼프 외교는 민주당의 주요 공격 목표가 될 것이다. 민주당 예비후보자들은 트럼프의 판문점 회담에 대해서도 거친 비판을 쏟아내고 있다.

위와 같은 사정을 고려할 때 북미 비핵화 협상에 대한 트럼프의 극적인 입장 변화는 기대하기 어려워 보인다. 물론 트럼프는 북미대화나 판문점 회담 혹은 핵실험이나 장거리 미사일 발사를 북한이 중단한 것을 자신의 외교적 업적으로 강조하고 있다. 앞으로 김정은과 워싱턴 회담이나 평양 회담을 전격적으로 추진할 수도 있다. 그러나 북한의 비핵화조치 없이 비핵화의 협상에 어떤 변화가 생길 가능성은 매우 낮다.

결국 북미 비핵화 협상의 성공 여부는 북한의 선택에 달렸다. 북한이 비핵화를 국정 목표로 결정하였다면 협상 상대의 태도에 연연할 필요도 없다. 그냥 추진하면 된다. 비핵화에 반대할 국가는 없고, 제재도 풀릴 수밖에 없다. 진리는 멀리 있지 않다. 그러나 비핵화 없는 비핵화 합의를 목표로 한다면 북한은 궁극적으로 성공할 수 없다. 미국은 수용할 수 없기 때문이다. 핵은 미국에게 사활적 문제이다. '미국 최우선(America First)'를 외치는 트럼프의 일방주의 외교가 미국의 사활적 국익을 포기하겠는가? 명실상부한 비핵화 합의안을 속히 보고 싶다.

2019. 07. 10.

한·미·일 3국 관계를 생각하며 :
펄 벅이 여전히 우리 마음을 울리는 이유

노년의 펄 벅(1972)
(출처: https://commons.wikimedia.org)

펄 벅(Pearl S. Buck)은 노벨문학상(1938년)을 받은 첫 번째 미국 여성작가이다. 펄 벅은 『대지』의 작가로 많이 알려져 있지만, 우리 역사를 다룬 영문 소설, 『살아 있는 갈대(Living Reed)』의 저자이기도 하다. 1892년 미국에서 태어나 한 살도 되기 전 선교사인 부모를 따라 중국으로 가 그곳에서 성장했다. 나중에는 선교사로 1934년까지 수십 년을 중국에서 활동했다. 그는 한·중·일 3국을 정확히 아는 최고의 아시아 전문가였다.

1963년 출판된 『살아있는 갈대』는 19세기 말부터 1945년까지의 우리 역사를 다룬 역사소설이다. 부제도 '한국에 대한 소설(novel of Korea)'이다. 『살아 있는 갈대』의 에필로그에서 펄 벅은 부산 유엔군 묘지를 방문한 경험을 적고 있다. 1961년 가을, 그는 부산 유엔군 묘지를 찾았다. 유엔군 묘지에 미군 전사자는 없다는 사실에 펄 벅은 많이 놀란다. 미군 전사자 유해는 모두 본국으로 송환된 후였다. 유해가 매장되었던 자리에는 대신 미국 국기가 꽂혀 있었다. 유엔군 묘지를 보며 펄 벅은 6.25전쟁에서 전사한 미군들의 죽음과 태프트-카츠라 밀약이 직접적으로 연결되어 있음을 알게 된다.

6.25전쟁과 태프트-카츠라 밀약의 직접 연관성에 대한 견해는 다양할 수 있다. 그러나 분명한 것은 20세기 전반에 있었던 동북아의 모든 전쟁이 일본의 제국주의 야욕에서 비롯되었다는 사실이다. 청일전쟁(1894~1895년)을 시작으로 러일전쟁(1904-1905년), 만주사변(1931년), 중일전쟁(1937~1945년), 그리고 태평양전쟁

(1941~1945년)까지 일본은 침략행위를 끝없이 이어갔다. 전쟁의 피해는 우리에게 쏟아졌다. 우리는 학도병, 노무자, 혹은 위안부로 수 없이 끌려갔다. 끼니거리조차 수탈당했다. 1945년 여름, 미군과 소련군이 한반도에 진주한 것도 일본군이 한반도에 있었기 때문이었다. 분단의 결과 발생한 6.25전쟁은 결국 태프트-카츠라 밀약과 역사적으로 연결되어 있는 것이다.

항복 후 일본은 소위 평화헌법을 제정하여 스스로 군대를 가질 수 없는 국가가 되었다. 헌법상 일본은 자위권을 제외하고 어떤 군사행동도 할 수 없다. 그런데 최근 일본의 아베정부가 평화헌법의 개정 추진을 공언하고 나섰다. 일본 헌법 정신에 위배되는 일이다. 거기다 우리에게는 무역 규제조치를 단행했다. 아베가 진정 원하는 것이 무엇인지 우리는 정확히 모른다. 당황한 우리 정부는 미국에 특사를 파견하며 바쁘게 움직였다.

그러나 미국은 우리의 중재 요청을 특사의 면전에서 거절했다. 이유가 무엇이든 미국의 중재거부는 틀린 결정이다. 미국은 우리와 상호방위조약을 그리고 일본과는 안보조약을 체결했다. 미국은 중재를 할 위치에 있는 것이다. 그런 미국이 중재를 거부하는 것은 우리의 아픈 기억을 더 생각나게 한다. 1905년 태프트-카츠라 밀약을 맺을 때도 미국은 비슷한 태도를 취했다. 밀사 이승만이 고종의 거중조정 요청의 뜻을 전달했을 때 시어도어 루즈벨트 대통령은 밀사 방식이 아닌 공식 절차를 통해 거중조정을 요청할 것을 권고했다. 그러나 이미 태프트-카츠라 밀약이 맺어진 후였다. 루즈벨트의 말은 체면치레의 외교적 수사에 불과했다.

펄 벅은 유엔군 묘지에 드리운 태프트-카츠라 밀약의 오래 된 그림자를 발견했다. 세월이 지난 후였다. 그러나 밀약에 합의할 당시는 당사자였던 육군장관 윌리엄 태프트 자신도 밀약이 가져올 결과를 정확히 예측하지 못했을 것이다. 한반도를 삼킨 일본이 진주만까지 공격할 것을 누가 상상이나 할 수 있었겠는가! 현재의 한일관계는 1905년 상황과 근본적으로 다르다. 하지만 한일 갈등을 조정하는데 미국도 적극 나서야 한다. 미국은 태프트-카츠라 밀약이 우리에게는 살아 있는 악몽임을 잊지 말아야 한다. 펄 벅의 글이 여전히 우리 마음을 울리는 이유이기도 하다.

2019. 08. 14.

# #

인천상륙작전과
포승(평택항)

평택항 전경
(출처: https://www.pyeongtaek.go.kr)

1950년 9월 15일, 인천상륙작전이 있었다. 맥아더(Douglas MacArthur)는 이 작전으로 낙동강 전선에 몰려 있던 유엔군의 전세를 한 번에 뒤집을 수 있었다. 인천상륙작전은 우리나라뿐 아니라 세계적으로 널리 알려져 있다. 그러나 인천상륙작전의 계획 단계에서 포승(현재 평택항)이 인천의 대안 상륙지점으로 거론되었던 사실은 별로 알려지지 않고 있다.

6.25전쟁의 발발에 미국은 즉각 대응했다. 그러나 급히 투입된 미군 24사단은 연전연패했다. 7월 5일 오산 죽미령에서 첫 전투를 치른 스미스부대는 탱크를 앞세운 북한군에 대패했다. 이어 24사단은 평택전투와 천안전투에서 패배하였고, 대전전투에서는 사단장이 포로가 되는 상황이 벌어졌다. 그 후 국군과 유엔군은 낙동강에 의지하여 대구와 부산 지역만 겨우 지키고 있었다.

이런 상황에서 유엔군 사령관 맥아더가 구상한 것이 인천상륙작전이었다. 맥아더는 인천 외에 진남포와 해주를 상륙지점으로 고려하였으나, 최종적으로 인천을 선택했다. 그런데 맥아더의 인천상륙작전 계획에 대해 워싱턴의 합동참모본부(이하 합참)가 반대했다. 육·해·공군 참모총장들로 구성된 합참본부는 인천의 자연조건이 상륙작전에는 최악이라고 생각했다. 인천은 항구까지 접근하는 항로가 좁고 길뿐 아니라 조수간만의 차가 컸다. 거기다 상륙 후 합동작전을 펼쳐야 하는 낙동강 전선의 유엔군과는 거리가 너무 멀었다.

합참은 군산에 상륙할 것을 제안했다. 군산상륙은 육군참모총장 콜린스(J. Lawton Collins)가 강력하게 주장했다. 군산은 낙동 강 전선과도 가까워 합동작전이 쉬웠다. 그러나 맥아더는 합참의 제안을 거부했다. 당황한 합참은 콜린스와 해군 작전참모총장 셔 면(Forrest Sherman) 제독을 도쿄로 보내 맥아더를 설득해 보기로 결정했다.

1950년 8월 23일, 도쿄에서 맥아더와 합참 대표들이 만났다. 군산상륙은 북한군에 대한 타격이 미약할 것이라는 약점이 부각 되었다. 맥아더는 인천이 여러 악조건을 가지고 있다는 점을 인 정했다. 그러나 그는 약점이 오히려 강점임을 강조했다. 인천이 상륙작전에 불리하다는 점을 역이용하면 적군의 허점을 찌를 수 있었다. 특히 인천은 서울 수복에 유리했다. 상륙작전이 성공한 다면 북한군에 대한 타격도 군산에 비교하여 훨씬 클 것으로 예 상되었다. 맥아더의 주장에 동의할 부분도 있었지만, 해군과 해 병대 관계자들은 인천상륙에 여전히 회의적이었다.

8월 24일, 맥아더 사령부 참모들과 합참 참모들이 논의를 이 어갔다. 이 회의에서 제1 해병사단 사단장 스미스(Oliver P. Smith) 소장이 인천 대신 포승에 상륙할 것을 제안했다. 제1 해병사단은 상륙작전에 투입될 주력부대였다. 스미스에 따르면 포승은 인천 에서 남쪽으로 30마일 떨어져 있어 서울과 가깝고, 미 해군 수 중척후부대가 수차례 상륙을 비밀리에 실험해 본 장소였다. 무엇 보다 포승은 언제든 상륙이 가능할 정도로 수심이 깊었다. 스미 스 소장뿐 아니라 합참 소속의 태평양 함대 해병대 사령관 세퍼드(Lemuel C. Shepherd) 중장도 도쿄를 떠나기 직전 맥아더를 다시 만나 포승 지역에 상륙할 것을 재차 건의했다. 그러나 맥아더가 결심을 바꾸지 않자, 합참도 인천상륙작전에 동의했다.

1950년 9월 15일, 맥아더의 인천상륙작전으로 인천은 역사에 남았다. 스미스 소장이 제안한 포승상륙안은 기억에서 사라졌다. 그러나 포승이 해군과 해병대 관계자들에 의하여 인천의 대안 상륙지점으로 건의되었다는 사실은 오늘날 새로운 의미로 다가온다. 포승, 즉 평택항은 천혜의 자연조건을 갖춘 항구임을 오래 전에 인정받은 것이다. 해군 2함대 사령부의 설치도 우연이 아닐 것이다. 인천은 서울과 가깝다는 이점을 안고 일찍 발전하였으나 평택도 고속철도가 개통되면서 서울과 거리가 30분으로 단축되었다. 거기다 글로벌 산업기지가 대규모로 조성되고 있다. 이런 현실을 감안한다면 평택의 미래는 매우 긍정적이다. 그러나 성장 잠재력만으로 도시가 성장하지는 않는다. 결국 잠재력을 현실로 만드는 것은 그곳에 사는 시민의 몫이 아닐까?

2019. 09. 18.

1950년 8월 21일 인천상륙작전을 논의하기 위해 도쿄를 방문한 육군참모총장 콜린스(J. Lawton Collins)장군과 해군작전사령관 셔먼(Forrest Sherman) 제독을 만난 맥아더 장군(가운데 맥아더, 왼쪽은 콜린스 장군이고 오른쪽은 셔먼장군). (출처: 미 국립문서보관소)

# #

'피 흘리는 캔자스'의
교훈

존 커리(John S. Curry)가 1937년 캔자스 주 의회 벽
에 그린 남북전쟁의 '비극적 서막(Tragic Prelude)'
(https://commons.wikimedia.org)

우리 정치에서 상생은 불가능한가? 패스트트랙 법안의 상정으로 시작된 여야의 극한 대결은 법무장관의 임명을 둘러싸고 진영 싸움으로 변했다. 서울 도심에서는 대규모 집회가 이어지고 있다. 어느 쪽도 물러날 기미를 보이지 않는다. 민주주의 사회에서 의견 차이의 표출은 자연스런 현상이고, 불거진 이견을 해결하는 가장 합리적인 방법은 다수결이다. 그러나 다수결로 모든 문제가 해결될 수 있는 것은 아니다. 소수 측의 생존권이나 핵심 가치가 달린 문제이면 더욱 그렇다. 그렇다면 우리는 어떻게 답을 찾아야 할 것인가?

1854년 미국 의회는 캔자스-네브래스카 법(Kansas-Nebrask Act)을 통과시켰다. 새 법은 캔자스와 네브래스카를 연방의 주로 편입시키기 위한 새로운 방식을 담고 있었다. 미국은 건국 초에는 13개 주가 전부였으나 영토가 확대되며 연방에 편입되는 주들이 계속 늘어났다. 그런데 편입과 관련하여 난제가 있었다. 노예제였다. 남부는 노예제를 유지하고 있었으나, 북부는 건국 초 노예제를 폐지했다. 노예제는 인간은 모두 평등하게 태어났다는 미국 독립정신에 정면으로 배치되는 제도였다.

1820년 남부와 북부는 신생주의 연방 편입과 관련하여 타협안에 합의했다. 소위 '미주리 타협안(Missouri Compromise)'이다. 북위 36도 33분선 이북 지역의 신생 주는 자유주로 그리고 그 이남 지역의 신생 주는 노예주로 연방에 편입시키는데 합의했다. 노예를 둘러 싼 두 지역의 타협안은 1850년까지 별 문제 없이 유지되었다. 그런데 1848년에 종식된 멕시코와의 전쟁에서 새 영토를 할양받으면서 문제가 발생했다. 새 영토는 모두 북위 36도 33분선 이남에 위치하고 있었다. 현재의 캘리포니아 주, 애리조나 주, 유타 주, 뉴멕시코 주에 해당하는 지역이다. 전쟁을 주도한 세력은 북쪽인데, 남쪽만 전쟁의 수혜지역이 될 상황이었다. 북쪽이 미주리 타협안을 파기하고 캘리포니아는 자유주로 할 것을 주장하고 나섰다. 우여곡절 끝에 새로운 타협안이 만들어지고 캘리포니아는 자유주가 되었다. 그 과정에서 미주리 타협안은 휴지가 되고 남부는 상처를 입었다.

이런 상황에서 캔자스-네브래스카 법이 새로 제안된 것이다. 당시 유력한 대권 후보였던 일리노이 상원의원 스티븐 더글러스(Stephen Douglas)가 핵심 제안자였다. 새 법안은 노예문제를 해결하기 위한 민주주의 방식을 제안했다. 신생주가 연방에 편입되는 경우 해당 지역의 주민들이 노예문제를 투표로 결정하는 방식이었다. 민주적이고 합리적인 방안으로 보였다. 1854년 법안은 별문제 없이 의회를 통과했다.

그런데 현실은 달랐다. 캔자스의 노예제를 결정하기 위한 주민투표를 실시할 단계가 되자 찬반으로 진영이 나뉘었다. 투표는 양 진영에게 놓칠 수 없는 단 한 번의 기회였다. 유리한 결과를 위해 양 진영은 각각 총력을 기우렸다. 이웃 주의 주민들도 합세했다. 캔자스 동쪽에 노예주인 미주리 주가 있었고 북쪽에는 자유주인 일리노이 주가 있었다. 양쪽 주의 주민들이 캔자스 지역으로 대거 이주하기 시작했다. 결국 캔자스 사태는 양 진영이 서로 상대방을 비난하며 총기까지 사용하는 단계로 악화되었다. 사상자가 발생하며 캔자스 사태는 걷잡을 수 없게 커졌다. 민주적 방식으로 난제를 해결하겠다고 제정된 캔자스-네브래스카 법이 오히려 '피 흘리는 캔자스(bleeding Kansas)'를 만들어 냈다. 캔자스 사태는 60만 명이 죽는 남북전쟁의 도화선이 되었다.

캔자스-네브래스카 법은 다수결의 민주방식이 만능의 해결책이 아님을 잘 보여준다. 물론 지금 우리의 현실을 과거 캔자스 상황과 비교하는 것은 무리일 수 있다. 하지만 우리의 정치현안을 풀 수 있는 해답을 찾는 일도 쉬워 보이지 않는다. 서로 양보할 수 없는 명분과 실리가 충돌하고 있다. 거기다 집회를 통한 지지층의 숫자 대결로까지 번졌다. 이런 상황에서 해결책이 나올 것인가? 해답을 찾는 방법은 대화이다. 그리고 그 해답은 타협뿐이다. 타협은 정치가 만들어 낼 수 있는 가장 아름다운 산물이다. 진영 싸움으로 이 땅을 '피 흘리는 캔자스'로 만들 것인가? 양 진영은 상생의 타협안을 찾아내 나라를 속히 안정시켜야 한다.

2019. 10. 10.

게티즈버그 연설을 읽으며 :
선거혁명을 생각한다

1863년 11월 19일 게티즈버그 현장 사진에 찍힌
링컨(사각 표시부분) (출처 : 미국 의회 도서관)

1863년 11월 19일, 미국 대통령 아브라함 링컨은 펜실베니아 주 게티즈버그에서 전몰장병들을 추념하는 연설을 했다. 전문이 모두 250여 단어로 구성된 매우 짧은 연설이다. 널리 알려진 바와 같이 민주정치의 원칙을 요약한 최고의 연설로 평가된다. 연설의 끝부분에서 링컨은 '국민의, 국민에 의한, 국민을 위한 정부(government of the people, by the people, for the people)'를 실현하는 것이 살아남은 사람들 앞에 놓인 과제임을 강조했다.

링컨의 게티즈버그 연설이 나왔을 때 미국은 링컨이 제시한 세 가지 민주정치의 원리를 제대로 구현하지 못하고 있었다. 정당의 보스들이 정치를 지배하는 시대였다. 정당의 후보 결정에서부터 투표까지 보스의 손에 모든 것이 달려 있었다. 링컨 자신도 후보자 사이의 막후 협상 덕분에 공화당 대선 후보가 될 수 있었다. 1860년 공화당 전당대회에는 링컨 외에도 다수의 후보자가 있었다. 그중 뉴욕 주 출신의 연방 상원의원 윌리엄 슈어드(William Seward)가 가장 유력시 되었다. 전당대회 1차 투표에서 슈어드는 예상대로 1등을 차지했다. 당선 정족수에 미달되는 득표 수였다. 링컨은 2위였다. 2차 투표에서도 슈어드가 1등이었으나, 3차 투표에서 링컨이 역전하며 최종 후보로 선출되었다. 군소 후보자들이 슈어드 대신 링컨을 지지하기로 담합한 결과였다.

미국의 건국 지도자들은 신생 공화국에 중요한 것은 '국민을 위한' 정치라고 생각했다. '공익(public interest)'을 최우선으로 생각하는 지도자를 선출하여 '국민을 위한' 정치를 한다면 이상적인 공화국이 될 것으로 믿었다. 문제는 정부 지도자를 선출하는 방법이었다. 국민이 직접 지도자를 선택한다면 중우정치에 빠질 위험이 있다고 보았다. 차선책으로 선택한 것이 선거인단을 구성하여 대통령을 선출하는 방안이었다. 또한 국민이 직접 선출하는 하원과 달리 상원의원은 각 주의 의회에서 선출하는 방식을 선택했다. 하원을 견제하자는 의도가 깔려 있었다. 국민의 민주 역량에 대해 회의적이던 시대에 나온 산물이었다.

시대가 바뀌면서 상원의원을 국민이 직접 선출할 수 없다는 것에 대해 국민적 저항이 생겼다. 개혁 요구에 밀려 연방 정부는 1913년 연방 헌법을 수정(수정조항 17조)했다. 연방 상원의원을 각 주의 유권자들이 직접 선거로 선출하도록 개혁한 것이다. 비슷한 시기에 정당의 후보자도 정당의 보스가 아니라 유권자들이 직접 결정하자는 목소리가 커졌다. 대안으로 예비선거제가 등장했다.

그러나 예비선거제는 1968년까지 제대로 확립되지 못했다. 1968년 민주당 전당대회에서는 예비 선거를 거치지 않은 휴버트 험프리(Hubert Humphrey)가 대선 후보로 선출되는 비상식적인 일이 발생했다. 당시 현직 대통령 존슨(Lyndon Johnson)의 지원 덕분이었다. 민주당은 당 안팎에서 거센 비판을 받았다. 마침내 1972년부터 예비선거의 참여는 대선 후보의 필수 자격요건이 되었다. 차기 미국 대선은 2020년 11월에 있으나, 민주당의 대선 판도는 이미 뜨겁게 달아올랐다. 예비선거의 중요성 때문이다.

대선뿐 아니라 대부분의 미국 선거에서 예비선거는 이제 필수 코스가 되었다.

　오래 된 게티즈버그 연설에서 링컨이 제시한 민주정치의 세 가지 원칙을 우리 정치는 어느 정도 구현하고 있을까? 격동의 민주화 과정을 겪은 우리도 지금 정치 선진국이라 해도 과언이 아니다. 하지만 개혁에 대한 국민의 요구도 여전히 크다. 현재 선거법 개정을 위한 여야 논쟁이 한창이다. 그런데 새로 나올 선거제도와 관련하여 선결되어야 할 문제가 있다. 정당의 공천권 문제이다. 공천은 상명하달의 방식으로 민주원칙에 맞지 않는다. 우리도 이젠 정당의 후보를 국민이 직접 결정할 때가 되지 않았을까? 2020년 총선에서는 각 정당이 공천한 후보 대신 유권자가 결정한 후보를 만나는 선거혁명을 기대한다.

2019. 11. 13.

노년의 노블레스 오블리주 :
전직 미국 대통령 카터(Jimmy Carter)를 보며

2007년 2월 17일 나이지리아 나사라와 노오드
(Nasarawa North, Nigeria)에서 의료 봉사활동을 하고
있는 전임 대통령 카터 부부.
(출처: 카터 센터)

노인 인구가 급증하고 있다. 정부 통계에 따르면 2025년이 되면 65세 이상 노인 인구가 1천만 명을 넘어선다. 평균 수명을 80세로 볼 때 65세 은퇴자에게 15년이란 시간이 기다리고 있다. 이 시간동안 무엇을 할 것인가? 개인마다 사정이 다르기 때문에 하나의 답은 존재할 수 없다. 그러나 노년의 노블레스 오블리주를 실천하며 의미 있는 삶을 살고 싶은 욕구는 대동소이할 것이다. 그런 측면에서 미국 39대 대통령 지미 카터(Jimmy Carter)의 삶을 소개하기로 한다.

　　카터는 현재 미국 조지아 주 플레인즈(Plains)에 살고 있다. 전체 인구가 약 700명 정도인 작은 시골 마을이다. 그는 이곳에서 태어나 자랐다. 1946년 해군사관학교를 졸업하던 해 같은 마을 출신인 로잘린(Eleanor Rosalynn Smith)과 결혼해 73년을 같이 살고 있다. 2019년 10월 1일 카터는 95회 생일을 맞이했다. 미국 역대 대통령 중 가장 오래 살고 있는 대통령이다.

　　카터는 1981년 1월 플레인즈로 돌아왔다. 1980년 대선에서 카터는 공화당 후보 로널드 레이건에게 참패 한 후 후임 대통령의 취임식이 끝나자 바로 고향을 향했다. 그의 나이 56세였다. 퇴임 후 카터는 새 집을 짓지 않았다. 1961년에 건축한 옛집으로 들어갔다. 거의 20년 된 낡은 집이었다. 현재 부동산 시가로 약 17만 달러 정도로 평가된다. 그는 지금(2019년)도 이 집에 살고 있다.

　　고향에 돌아온 카터에게는 부채가 많았다. 대통령에 취임하면서 무기명 신탁에 맡겨 놓은 재산이 관리 소홀로 빚을 지게 된 탓이었다. 전직 대통령이 빚을 청산하는 방법은 어렵지 않았다. 고액의 강연료를 받을 수 있었기 때문이다. 그의 전임자였던 제럴드 포드 대통령도 퇴임 후 고액의 강연료를 받고 있었다. 그러나 카터는 그러한 길을 택하지 않았다. 대신 그는 에모리 대학의 교수가 되어 대학생들을 대상으로 강의를 했다. 빚은 재산의 일부를 매각한 대금과 회고록 인세를 받아 갚았다.

귀향한 카터는 봉사활동에 매진했다. 빈곤층에게 집을 지어주는 헤비타트(Habitat for Humanity)운동에 참여했다. 재정적 후원자가 되는 대신 그는 건축 현장에 직접 동참했다. 톱과 망치를 들고 땀을 흘렸다. 부인 로잘린도 함께 참여했다. 국내 봉사를 넘어 해외 봉사에도 적극 나섰다. 아시아와 아프리카의 여러 나라를 다니며 빈곤과 질병 퇴치를 위한 봉사활동에 참여했다. 정치적 후진국의 선거 모니터링도 주관했다. 1994년 북한의 핵 위기 때는 평양을 직접 방문하여 김일성과 담판했다. 실패할 경우 당할 수모를 두려워하지 않았다. 2002년 노벨상위원회는 카터에게 평화상을 수여해 그의 노력을 격려했다.

70세 이후 노년에 접어들면서 카터는 시를 쓰고 그림을 그리기 시작했다. 시집을 출간하고 그림을 모아 화집도 출판했다. 취미로 가구도 만들었다. 그는 자신이 그린 그림과 제작한 가구들을 모두 카터재단(Carter Center)에 기증했다. 카터재단은 그의 그림과 가구들을 경매하는 연중행사를 하고 있다. 카터는 자신이 살고 있는 집과 대지도 모두 재단에 기증한 상태이다. 사후 그는 현재 살고 있는 집터에 묻힐 예정이다.

　지난 10월 6일 카터는 집에서 넘어져 열네 바늘이나 꿰매야 하는 상처가 났다. 그러나 다음날 카터는 집 짓는 헤비타트 일에 참여했다. 그의 왼쪽 눈 위 상처에 커다란 반창고가 붙여져 있는 모습이 텔레비전에 방영되었다. 하지만 그의 얼굴에는 미소가 가득했다. 노블레스 오블리주를 실천하는 멋진 노년의 모습이었다. 이런 카터를 보기 위해 플레인즈를 방문하는 관광객이 연간 7만 명이나 된다고 한다. 이에 따른 경제 효과도 약 400만 달러에 달한다. 부럽지만 닮기 어려운 이야기이다. 하지만 카터의 정신은 배울 수 있지 않을까? 2019년의 끝자락에서 노년의 노블레스 오블리주를 생각해 본다.

2019. 12. 11.

2020년

1.4후퇴와
핵폭탄의 한계

1950년 10월 15일 웨이크 섬에서 악수하고 있는
트루먼과 맥아더. 이 회합에서 트루먼이 중국의
개입 가능성을 묻자, 맥아더는 그 가능성을 전면
부인했다.
(출처: 해리 트루먼 대통령 기념 도서관)

1951년 1월 4일, 국군과 유엔군은 서울을 포기하고 남쪽으로 후퇴했다. 1950년 11월 말 중국군의 기습공격이 있기 전 국군과 유엔군은 압록강 가까이 진격하고 있었다. 미 10군단은 장진호까지 올라갔다. 통일이 눈앞에 보였다. 그러나 중국군의 기습에 전세를 역전 당한 유엔군과 국군은 38선 이남으로 내려왔다. 결국 1.4후퇴로 서울을 뺏기는 수모도 다시 겪은 것이다. 그런데 후퇴하던 미군에게는 전세를 뒤집을 핵폭탄이 있었으나 사용하지 않았다. 무슨 이유였을까?

1950년 크리스마스 전까지 전쟁을 끝낼 계획이었던 유엔군 총사령관 맥아더(Douglas McArthur)는 중국군의 기습에 당황했다. 그는 중국군의 참전으로 6.25전쟁은 '새로운 전쟁(a new war)'으로 성격이 바뀌었다고 생각했다. '새로운 전쟁'에 대한 해결책은 핵폭탄이라고 판단하고 핵폭탄의 투하를 트루먼(Harry Truman)대통령에게 요청했다. 중국과 북한의 국경 지역에 핵폭탄을 투하하여 중국군의 개입을 원천적으로 봉쇄하자는 주장이었다. 핵폭탄의 투하 결정권은 트루먼에게 있었다.

트루먼 대통령은 2차 대전 말 일본 히로시마와 나가사키에 핵폭탄 투하를 결정한 경험이 있었다. 히로시마와 나가사키는 핵폭탄 1발씩으로 10만 명이 넘는 사상자가 발생했고, 도시 전체가 폐허로 변했다. 전쟁을 시작한 전범국 일본이 히로시마에 원폭 기념물을 조성하고 오히려 전쟁 피해자와 같은 행동을 하는 배경이다. 핵폭탄 투하에 비판적인 의견도 많이 있다. 이에 대해 트루먼은 회고록에서 핵폭탄 투하는 전쟁 수행을 위한 불가피한 결정이었다고 주장했다. 그러나 맥아더가 핵폭탄의 투하를 요청하자 트루먼은 주저했다.

트루먼에게는 핵폭탄을 사용할 수 없는 이유가 한 가지 더 있었다. 북한을 지원하고 있던 러시아(당시 소련)도 이미 1949년에 핵실험에 성공했다. 미국이 중국에 핵폭탄을 투하한다면 러시아가 보고만 있으리라는 보장이 없었다. 만약 미국이 핵폭탄을 투하하고 그에 대항하여 러시아가 핵을 중국에 건네준다면 한반도는 참혹한 핵전쟁의 격전지가 될 수 있었다. 핵폭탄이 투하된다면 6.25전쟁은 제3차 세계대전으로 확대될 가능성도 매우 높았다.

미국 정부 내에서 핵폭탄 투하문제가 거론되자 동맹국들이 반대하고 나섰다. 영국 수상 애틀리(Clement Attlee)는 워싱턴을 방문하여 강력한 반대 의사를 표시했다. 트루먼이 핵폭탄 투하를 주저하자 맥아더가 비난하고 나섰다. 맥아더는 전쟁을 결정지을 수 있는 무기를 사용하지 않는 것을 이해할 수 없었다. 트루먼은 맥아더를 해임하고 핵폭탄을 투하하는 대신 제한전쟁(limited war)을 선택했다. 6.25전쟁 이후에도 미국은 많은 전쟁에 개입하였으나 핵폭탄은 사용하지 않았다. 1.4후퇴는 핵폭탄의 한계가 드러난 역사적 순간이었다.

그러나 핵폭탄에 대한 각국의 욕망은 사라지지 않았다. 1953년 1월 시작된 아이젠하워(Dwight D. Eisenhower)정부는 핵무기 개발에 적극 나섰다. 소위 '대량보복(massive retaliation)'전략을 국방 정책으로 표방함으로써 각국의 핵무기 경쟁을 가속화시켰다. 유럽 강대국들이 앞 다투어 핵실험을 실시했고, 6.25전쟁 중 미국의 핵위협에 속수무책이었던 중국도 핵폭탄을 개발했다. 중국과 국경을 맞댄 인도와 파키스탄도 핵무기 보유국이 되었다. 최근에는 북한이 핵폭탄의 보유를 공공연히 주장하고 있다.

북한은 핵폭탄을 실험함으로써 남한과의 군비경쟁에서 승리하였다고 자부할지 모르겠다. 그러나 국제사회로부터 강력한 제재조치를 당하고 있다. 거기다 남한은 미국의 핵우산으로 북한의 핵위협을 상쇄하고 있다. 핵폭탄의 위력은 두말이 필요 없다. 그러나 상대방도 핵폭탄을 가질 때 핵폭탄은 자타공멸의 무기가 되어 사용이 불가능해진다. 1.4후퇴가 이것을 증명하고 있다. 이제 북한은 핵폭탄의 미혹에서 벗어나야 한다. 핵폭탄은 공포의 도구이지 번영의 이기는 아니다. 2020년은 한반도에서 핵폭탄의 공포가 사라지는 시대적 전환점이 만들어지길 기대해 본다.

2020. 01. 08.

#

미국 대선의 예선전을 보며 : 우리 공천제를 다시 생각한다

저자가 2008년 뉴햄프셔 주 작은 프라이머리 모임에서 만난 빌 클린턴. 그는 당시 부인 힐러리 선거운동을 하고 있었다. (출처 : 저자 촬영)

지난 2월 3일 미국 아이오와 주 코커스와 2월 11일 뉴햄프셔 주 프라이머리(예비선거)가 실시되었다. 2020년 미국 대선의 공식적인 시작이다. 코커스(caucus)와 프라이머리(primary)는 미국의 정당이 후보를 결정하는 예선 방식이다. 아이오와 코커스를 시작으로 미국 50개 주에서 순차적으로 수개월 동안 대선의 예선전이 진행될 것이다.

코커스는 참여자들이 자유로운 토론을 거쳐 지지 후보자를 결정하는 방식이다. 지정된 장소에 모인 참여자들은 지지하는 후보자별로 무리를 지어 모여 그 모인 수로 1차 투표의 결과를 결정한다. 1차 투표에서 15퍼센트 이상 획득한 후보자들만 놓고 다시 2차 투표를 한다. 이때 코커스 참여자들은 지지하는 대상을 바꿀 수 있다. 각 지역 코커스 결과를 합산해 각 후보자의 주 전체 최종 득표율을 결정한다. 득표율에 따라 아이오와에 배정된 대의원을 각 후보자에게 배정한다. 민주당 전당대회에 참석하는 전국 총 대의원 수는 3,979명인데, 이중 아이오와에 배정된 대의원은 41명이다. 수적으로 미미하나, 아이오와 코커스가 중요한 이유는 처음 실시되는 예선이라는 상징성 때문이다. 코커스는 과정이 복잡해 현재 4개 주(네바다, 노스다코타, 아이오와, 와이오밍)만 채택하고 있고 나머지 주는 프라이머리를 채택하고 있다.

프라이머리는 유권자들이 투표로 후보를 결정하는 방식이다. 미국 50개 주 중 46개 주에서 실시되고 있다. 그런데 대선 후보만 프라이머리로 결정하는 것이 아니다. 이번 2020년 11월 선거에서는 대통령을 포함하여 연방 하원의원 435명과 연방 상원의원 100명 중 35명을 선출한다. 또한 11명의 주지사와 여러 주 의회의원 및 지역 공직자 선거가 동시에 실시된다. 이 모든 선거의 후보자들이 대부분 프라이머리로 결정되는 것이다. 프라이머리에는 유권자이면 누구나 참여할 수 있다. 프라이머리 참여자가 반드시 해당 정당의 당원일 필요도 없다.

1787년 제정된 미국 헌법은 아마추어 정치인에게 권력을 맡기는 구조이나, 권력은 선거에 의하여 국민의 직접적인 통제를 받게 설계되었다. 미국 헌법에는 존재가 명시되지 않은 정당의 후보가 국민이 참여하는 프라이머리를 통하여 선출되는 이유이다. 당의 지도부가 좌우하는 선거는 존재하지 않는다. 2020년 민주당 예선에 참여하고 있는 버니 샌더스(Bernie Sanders) 상원의원은 민주당 소속이 아니다. 상원에서는 무소속의원으로 활동하고 있다. 정당의 보스가 좌우하는 선거제였다면 샌더스의 민주당 예선 참가는 처음부터 불가능하였을 것이다. 또한 후보선정에 당권이 절대적으로 작용하는 비례대표제도는 미국 헌정사에는 개념조차 없다.

자신의 힘으로 예선과 본선에서 승리하는 것이 미국 정치인의 유일한 생존방법이다. 대신 어떤 간섭도 거부할 수 있는 소신정치가 가능하다. 유권자의 지지만 확보하면 수십 년 동안 프로 정치인으로 살 수도 있다. 아마추어 정치인을 전제로 구성된 연방의회에 프로 정치인이 많은 이유이다. 현재 연방 하원의장인 낸시 펠로시(Nancy Pelosi)는 임기가 2년인 하원의원으로 17번이나 당선된 프로 정치인이다.

현재 우리 정치권도 2020년 4월 총선 준비로 분주하다. 그런데 여야를 가릴 것 없이 벌써 공천문제로 시끄럽다. 그동안 우리의 정치문화를 바꾸자는 논의는 우리 사회의 오랜 화두였다. 국회를 바꾸기 위해서 국회선진화법까지 만들었다. 그러나 정치권은 별 다른 변화를 보여주지 못하고 있다. 선거 때만 되면 정당마다 개혁을 외치나 달라지는 것은 없다. 소신정치는 그림의 떡이다. 여러 가지 이유가 있겠지만 문제의 핵심은 공천제도에 있다. 아이와 코커스와 뉴햄프셔 프라이머리를 보면서 우리의 공천제도를 다시 생각하는 이유이다. 당권이 작용하는 공천제 대신 유권자가 후보를 결정하는 국민경선을 전면적으로 실시하는 것이 우리 정치를 선진화하는 지름길이다. 이번 총선에서는 우리 정치문화가 한 걸음 발전하는 모습을 볼 수 있으면 좋겠다.

2020. 02. 12.

바이러스와
미국 루스벨트 대통령

휠체어에 앉아 있는 루스벨트.
루스벨트가 자신의 장애를 드러내고 찍은 사진은 매우 희소하다. 이 사진은 1941년 2월 대통령의 오랜 친구인 마가래트 데이지 서클리(Margaret Daisy Suckly)가 찍었으며 장소는 뉴욕 하이드 파크에 있는 루스벨트 별장의 현관이다. 옆에 서 있는 소녀는 비(Ruthie Bie)이고 대통령 무릎 위에는 애견 팔라(Fala)이다. 애견 팔라는 스코티쉬 테리어(Scottish Terrier)로 사진을 찍은 서클리가 대통령에게 선물한 것이다. 루스벨트가 사용한 휠체어는 그 자신이 직접 고안한 것으로, 식탁용 의자에 자전거 바퀴를 부착했다. 좁은공간에서도 사용하기 편리했다. 일반 휠체어는 커서 사용하기 불편했다. (출처: 프랭클린 루스벨트 대통령 기념 도서관)

1921년 8월 어느 날, 프랭클린 루스벨트(Franklin D. Roosevelt)는 침대에서 일어날 수가 없었다. 며칠 전부터 건강에 이상이 있더니 허리 아래 부분이 전혀 움직이질 않았다. 진단 결과는 폴리오 바이러스(polio virus)에 의한 하반신 마비였다. 당시 나이 39세. 1920년 대통령 선거에서 민주당 부통령 후보였던 루스벨트가 폴리오 바이러스(주로 소아가 걸렸기 때문에 소아마비 바이러스로도 불림)의 희생자가 된 것이다.

폴리오 바이러스의 역사는 그 기원을 알 수 없을 정도로 오래되었다. 고대 이집트의 벽화에도 소아마비 소년의 그림이 있다. 한쪽 다리가 가늘고 지팡이를 짚고 있는 소년의 모습이다. 그러나 20세기 초까지 폴리오 바이러스가 인류를 집단적으로 공격한 기록은 거의 없었다. 이유는 잘 알려지지 않고 있으나 유아 때 바이러스에 노출된 후 자연스럽게 면역력이 생긴 것으로 추측할 뿐이다.

그런데 20세기 들어오면서 주기적으로 폴리오 바이러스가 미국을 찾아왔다. 미국 경제가 발전하고 위생 환경이 나아질수록 폴리오 바이러스 감염자는 더 늘어났다. 특히 1940년 대 후반부터 1950년대 초반까지는 미국 역사상 폴리오 바이러스가 최고조로 유행했다. 2차 대전 후 베이비부머들이 대량으로 출생하던 시기였다. 1952년 대유행 때는 5만 8천여 명의 폴리오 바이러스 감염자가 발생했다. 3천명 이상이 사망했고 2만 명 이상이 장애인이 되었다.

폴리오 바이러스는 주로 여름에 창궐했다. 폴리오 바이러스가 유행할 때면 사람들은 대중이 모이는 곳은 무조건 기피했다. 학교와 수영장은 폐쇄되었고, 사람들은 외진 곳으로 피난을 갔다. 미국인들에게 폴리오 바이러스는 핵폭탄 다음으로 두려운 존재가 되었다. 그러나 바이러스가 최종 승자가 될 수는 없었다. 1955년 조나스 썰크(Jonas Salk)가 폴리오 바이러스의 백신을 만들어내며 소아마비는 사라지기 시작했다. 그런데 썰크의 백신 개발과 관련하여 루스벨트의 이야기를 빼 놓을 수 없다.

1921년 폴리오 바이러스의 희생자가 된 루스벨트는 좌절했다. 하지만 생각을 바꾸어 재활치료에 힘을 쏟으며 정치적 재기를 노렸다. 마침내 1932년 대선에서 승리할 수 있었다. 1933년 대통령 취임사에서 그는 '두려워해야 할 것은 두려움 자체뿐'이라며 미국을 덮친 경제공황에 맞서 싸울 것을 다짐했다. 그 후 4회 연속적 당선되며 루스벨트는 뉴딜정책을 비롯하여 많은 업적을 남겼다. 무엇보다 2차 대전을 승리로 이끌었다.

루스벨트는 폴리오 바이러스 희생자 치료에도 앞장서 1938년 국립소아마비재단을 설립했다. 소아마비재단은 매년 '10센트 모금운동(March of Dimes)'을 전개해 소아마비 환자들을 지원했다. 소아마비 환자의 80퍼센트가 이 기금의 도움을 받았다. 소아마비재단은 폴리오 바이러스의 백신 연구사업도 적극 지원했다. 폴리오 백신을 개발한 썰크가 바로 그 지원금의 수혜자였다. 그는 1948년부터 1955년까지 8년 동안 소아마비재단으로부터 백신개

발을 위한 연구비를 지원받고 있었다.

우리는 지금 코로나 바이러스(COVID 19)와 전쟁을 치루고 있다. 연일 확진자가 기하급수적으로 증가하면서 바이러스 공포가 우리의 일상을 멈추게 만들었다. 그러나 우리는 절망하지도 또한 낙관하지도 않는다. 인류가 바이러스와 싸워 온 역사는 이번이 처음도 아니고 또 마지막도 아닐 것이기 때문이다. 끝없는 바이러스의 공격에 맞서 인류는 지금껏 견디어왔다. 이번에도 극복할 것이 분명하다. 우리가 지금 해야 할 것은 '두려워할 것은 두려움 그 자체'라고 한 루스벨트의 말을 기억하며 담대한 마음으로 이번 코로나 사태에 대처해 나가는 것뿐이다. 지금 사태는 국가적으로 뼈아픈 경험이지만, 이번 경험을 교훈으로 바이러스에 대처하는 국가 시스템이 진일보하는 전화위복을 기대한다.

2020. 03. 11.

혼돈의 선거를 보며 :
해밀턴의 선택을 생각한다

해밀턴은 1804년 아론 버와 결투에서 총상을 입
고 사망했다. 존 트럼불(John Trumbull)이 그린 해밀
턴의 초상화. 1806년 작품으로 해밀턴 사후에 그
려졌다. (출처: https://commons.wikimedia.org)

선거전이 한창이다. 4년마다 되풀이 되는 일이지만 이번 선거에서는 우리 정치의 문제점이 더욱 많이 눈에 뜨인다. 선거용 정당이 하루아침에 급조되었고 대부분의 정당에서 후보 공천을 둘러싼 파열음이 터져 나왔다. 당파적 실리 챙기기에 모든 정당이 함몰된 정치 현실 속에서 유권자의 권리는 뒷전으로 밀렸다. 그러나 이런 것이 우리만의 문제일까?

1800년 대선에서 미국은 유래 없는 혼탁한 선거전을 경험했다. 현직 대통령이던 존 아담스(John Adams)와 현직 부통령이던 토마스 제퍼슨(Thomas Jefferson)이 맞붙은 선거였다. 두 사람은 1796년 대선에서 이미 싸운 경험이 있었다. 첫 대결에서 아담스가 제퍼슨을 누르고 대통령이 되었고, 제퍼슨은 차점자로 부통령에 당선되었다. 당시 미국 대선제도는 선거인단 표의 과반수를 득표한 후보자들 중 최다 득표자가 대통령이 되고 그 차점자가 부통령이 되었다. 정당이 존재하지 않아 정당의 후보라는 개념도 아직 없었다.

1788년과 1792년 대선에서 조지 워싱턴이 대통령으로 선출될 때만 해도 대선방식에 문제가 없어 보였다. 그런데 워싱턴이 은퇴하면서 미국의 정치 현실이 바뀌었다. 1796년 대선에서 대통령과 부통령이 된 아담스와 제퍼슨은 정치적 입장이 달랐다. 아담스는 연방 정부의 역할을 강조하는 연방주의자(federalist)였고 제퍼슨은 그에 반대하여 주정부의 권리를 더 중요하게 생각하는 주권주의자(state rightist)였다.

1800년 대선에서 아담스와 제퍼슨이 다시 맞붙었는데 이번에는 제퍼슨이 유리한 상황이었다. 기존 선거 방식에 따르면 제퍼슨이 대통령이 되고 아담스가 부통령이 될 가능성이 높았다. 그러나 제퍼슨은 자신과 정치적 입장이 같은 애론 버(Aaron Burr)를 부통령에 당선시키는 선거전을 기획했다. 미국 역사상 처음으로 민주공화당을 창당하여 자신은 대통령 후보가 되고 버는 부통령 후보로 선출되었다. 1800년 대선 결과는 제퍼슨과 버가 선거인단 표 중 73표씩 획득하였고, 아담스는 65표를 얻어 3위를 차지했다. 아담스를 부통령 자리에서도 낙선시킨 것은 제퍼슨이 원하는 바였다. 그런데 동점인 제퍼슨과 버는 하원에서 결선투표로 대통령과 부통령을 가려야 하는 일이 남아 있었다.

　하원 결선투표에서 제퍼슨은 문제에 봉착했다. 1주가 1표씩 투표하는 하원에서 연방파가 제퍼슨 대신 버를 대통령으로 강력하게 지지했다. 35차례나 투표를 실시하였으나 하원의 과반수 표를 둘 다 얻지 못했다. 과반수를 얻는 후보자가 나오지 않으면 대통령 없이 새 정부가 출발해야 하는 난감한 상황이 전개될 수 있었다. 연방파인 아담스 행정부의 국무장관이 대통령대행으로 국정의 책임자가 될 수 있었다. 하원 결선투표는 연방파의 도움 없이는 해결이 불가능했다.

　결국 이 문제를 해결한 인물은 알렉산더 해밀턴(Alexander Hamilton)이었다. 해밀턴은 연방파 내에서 가장 영향력 있는 지도자였고 제퍼슨과는 정치적 대척점에 서 있었다. 해밀턴은 고민

끝에 버보다 제퍼슨을 대통령으로 지지하기로 결정했다. 해밀턴은 제퍼슨의 정치 철학이 연방파와 달라서 위험하다고 생각했다. 하지만 해밀턴은 어떤 정치 철학도 없이 단지 사익이나 챙기려는 사이비 정치인인 버가 대통령이 되는 것이 더 위험하다고 생각했다. 해밀턴 덕분에 제퍼슨은 36차 하원 투표에서 대통령으로 당선되고 버는 부통령이 되었다(미국 의회는 1803년 수정헌법 12조를 통과시켜 대선제도를 개선했다).

이제 우리 선거를 다시 생각해 보자. 이번 선거에서 정치권이 보여주는 우리의 정치 현실은 실망스럽기 그지없다. 이런 정치 현실에서 투표한다는 것 자체에 회의가 생긴다. 하지만 투표를 포기한다고 우리 정치의 발전이 저절로 이루어질까? 대신 투표장에 나가 사익보다는 국익을 먼저 생각하는 후보를 찾아보기로 하자. 그리고 다음 국회에서는 선거제도의 개선책이 나오길 기대해 보자. 이 두 가지 모두 어려운 문제라 해도.

2020. 04. 08.

민주정치의
시행착오

뉴욕시 경찰 부국장 존 리취(John A. Leach 가운데 서
있는 인물)가 지켜보는 가운데 압수한 술을 하수도
에 쏟고 있는 밀주 단속원들
(출처: 미국 의회 도서관)

2020년 4.15총선이 끝난 지 약 한 달이 지났다. 4.15총선에서 우리는 중요한 정치적 실험을 단행했다. 연동형 비례대표제였다. 연동형 비례대표제는 사표를 방지하고 군소정당의 정치적 대표성을 제대로 평가받게 하자는 취지에서 도입되었다. 그러나 처음부터 문제가 많았다. 여야의 입장 차이가 큰 상태에서 국회를 통과하였으나 실행 단계에서 파행으로 치닫고 말았다. 여야 거대 양당은 위성정당을 만들어 본질을 왜곡하였을 뿐 아니라 군소정당의 난립으로 개혁의 취지는 증발하고 말았다. 우리 민주정치의 대표적 실패 사례로 평가될 것이다.

민주정치의 실패 사례는 미국 역사에도 많다. 1776년 미국인들은 영국의 부패한 정치를 청산하고 새로운 정치를 실시하고자 독립선언문을 발표했다. 미국 독립선언문은 모든 인간이 평등하게 태어났다고 선언하였지만 정작 1787년 헌법을 제정하면서 미국의 건국 지도자들은 노예제도를 인정하는 헌법 규정을 만들었다. 노예제를 헌법에서 폐지하는데 70년이라는 긴 시간이 필요했고 남북전쟁이라는 비극도 겪어야만 했다.

1865년 아브라함 링컨 대통령의 주도로 헌법 수정조항 13조가 의회를 통과하면서 노예제도가 미국 헌법에서 완전히 사라질 수 있었다. 그렇다고 흑백차별이 사라진 것은 아니었다. 흑인들은 극심한 인종차별 속에 거의 100년 동안 질곡의 삶을 살아야 했다. 1954년 연방 대법원이 흑백분리 자체가 위헌이라는 브라운판결을 내리기까지 89년이라는 시간이 더 걸렸다. 미국 헌법에 여성참정권 조항이 도입되는데도 비슷한 세월이 필요했다. 여성 참정권운동이 시작된 것은 19세기 초였으나 여성참정권이 헌법에 실제로 규정된 것은 1920년이었다. 민주정치의 발전은 더디기만 하였다.

미국 민주주의의 발전 과정에는 같은 헌법 내용을 두 번 수정한 경우도 있었다. 1919년 미국은 모든 국민들이 술을 제조하거나 판매 혹은 수입하는 것을 금지하는 금주조항을 수정조항 18조로 헌법에 추가했다. 1920년부터 연방정부는 강력한 금주정책을 실시했다. 그러나 금주정책은 득보다 실이 많았다. 주류의 암거래가 급격히 늘어나면서 지하 범죄조직의 활동이 거세졌다. 마피아가 유명세를 탄 배경이었다. 거기다 금주법은 세수를 감소시켰을 뿐 아니라 농민들에게는 주조용으로 쓰이던 곡물소비의 감소를 초래했다. 마침내 1933년 미국은 헌법의 수정조항 18조의 효력을 정지시키는 수정조항 21조를 다시 추가했다. 10여 년 만에 민주정치의 시행착오를 정정한 것이다. 수정한 사항을 다시 수정한 유일한 헌법 수정 사례이다. 수정헌법 18조와 21조는 미국 헌법의 일부로 남아 있으면서 지금도 미국 민주정치의 실패를 생생하게 증언하고 있다.

지금 우리 국회는 21대 국회의 개원 준비가 한창이다. 각 당의 원내 대표가 선출되었고 6월 초 국회 개원이 예정되어 있다. 국회가 개원하면 처리해야 할 안건이 많을 것이다. 그런 가운데 4.15총선에서 가장 문제가 되었던 연동형 비례대표제에 대한 논의는 뒷전으로 밀려날 가능성이 높다. 4.15총선 문제는 21대 국회의원들에게 아픈 상처를 건드리는 일일 수도 있다. 특히 비례대표로 선출된 의원들은 왜곡된 제도로 당선된 수혜자이기도 하다. 이들에게는 4.15총선의 문제점은 덮고 싶은 대상일 수도 있다. 그러나 국민의 대표를 선출하는 제도를 바로 세우는 것 이상 중요한 일은 없을 것이다.

21대 국회는 연동형 비례대표제를 졸속으로 처리하였던 정치권의 과오를 시인하고 보다 발전된 선거제도를 마련해야 한다. 완벽한 제도란 존재할 수 없다. 민주정치에도 시행착오나 실패를 피할 수 없다. 그러나 과오를 덮는 순간 부패의 나락으로 추락하게 된다. 영원한 역사의 죄인이 되고 만다. 국회가 실책을 인정하고 스스로 궤도수정을 단행할 때 우리 민주주의는 더욱 성숙할 수 있다. 21대 국회가 연동형 비례대표제가 정말 필요한 제도인가 하는 문제를 포함해 이 문제를 전반적으로 다시 논의할 것을 기대해 본다.

2020. 05. 13.

6.25전쟁과
미군의 흑백통합

6.25전쟁 중 야외에서 진행 중인 주일미사(1950년, 일자와 지명 미상)에 참여한 미군 병사들. 백인병사와 흑인병사가 함께 참여하고 있다.
(출처: 트루먼 대통령 기념 도서관)

올해는 6.25전쟁이 발발한 지 70년이 되는 해이다. 6.25전쟁은 남한과 북한의 전쟁을 넘어선 국제전쟁이었다. 참전국 숫자를 모두 합치면 수십 국에 이른다. 그 중 미군은 1950년 7월 5일 오산 죽미령 전투를 시작으로 1953년 휴전될 때까지 3만 명의 이상의 병력을 잃었다. 민주진영을 위하여 미국이 치른 희생이었다. 그 후 미국은 냉전의 질서 속에서 민주진영의 지도적 지위를 누렸다.

최근 미국에서 인종차별에 반발한 대규모 시위가 벌어지고 있다. 미네소타 주 미니아폴리스 시에서 백인 경찰관에 의하여 체포되던 흑인이 사망한 사건이 시위의 직접적 발단이었다. 경찰관 한 명의 불법적 공권력 행사로 볼 수도 있겠지만, 시위자들은 백인 경찰관의 행동은 인종차별적 불법행위였다며 강력한 처벌을 요구하고 있다.

미국의 인종차별문제는 미국 역사만큼이나 뿌리가 깊다. 1607년 신대륙에 영국인들이 식민지를 개척하기 시작한 지 10여 년 만에 흑인노예제도가 정착되었다. 노예제는 1865년 헌법 수정조항 13조가 추가될 때까지 유지되었다. 노예제도가 폐지된 후에도 사회적 흑백차별은 그대로 남았다.

1950년 6.25전쟁 때도 미국은 흑백차별사회였다. 흑인들과 백인은 학교와 교회를 비롯하여 모든 공공시설에서 공간적으로 분리되었다. 군대에서도 마찬가지였다. 6.25전쟁 초기까지 미군은 백인부대와 흑인부대가 따로 편성되어 있었다. 흑인들은 훈련 때부터 백인들과 분리되었다. 일시에 많은 흑인들이 입대하여 흑백의 균형이 깨지는 것을 방지하기 위하여 미군은 흑인 입대자의 숫자를 백인 입대자의 10퍼센트로 한정지었다. 훈련 후 흑인병사는 흑인부대에 배속되었다. 흑인부대의 군대 내 역할도 백인부대와 달랐다. 흑인부대는 전투에 참여하지 않고 대신 병참과 같은 백인부대를 지원하는 업무를 주로 맡았다.

그런데 6.25전쟁이 미군 내 흑백분리정책을 근본적으로 변화시켰다. 이유는 6.25전쟁이 미군의 예상과 다르게 전개된 탓이었다. 6.25전쟁 참전 초기 미군 지휘부는 전쟁의 조기 승리를 예상했다. 7월 5일 오산 죽미령에서 북한군과 처음 교전한 스미스 부대(Task Force Smith)의 총병력은 500여명이 전부였다. 예상외의 압도적인 북한군의 전력에 밀린 미군은 오산에서 패배하였을 뿐아니라 낙동강까지 후퇴했다. 필사적으로 낙동강 방어선을 지키던 미군에게 가장 시급한 과제는 병력 부족이었다.

병력 문제를 해결하기 위하여 미군은 흑백 입영 비율제를 폐지했다. 그에 따라 신병훈련도 흑백 통합방식으로 운영되었다. 거기다 6.25전쟁 초기 백인부대만 전투에 참여한 결과 전사자가 백인부대에 주로 발생하며 병력 부족이 심각한 수준에 이르렀다. 반대로 후방 업무를 맡은 흑인부대의 병력에는 여유가 있었다. 결국 미군은 흑인부대를 따로 편성하는 것을 포기하고 전투지의 모든 흑인부대를 백인부대와 통합했다. 6.25전쟁 덕분에 흑인이 군대에서 백인과 동등한 대접을 받을 수 있게 되었다.

미국 사회에서 흑백통합이 법적으로 인정된 것은 1954년 연방 대법원의 브라운 판결 이었다. 그러나 1970년대 초까지도 남부의 일부지역에서는 흑백통합이 현실화되지 않았던 점을 고려하면 6.25전쟁 중 미군의 흑백통합은 시대를 앞선 조치였던 것이다. 흑백통합에 대하여 미군 지휘부 내부에 우려하는 목소리도 많았다. 그러나 통합 후 우려하던 갈등이 발생하지 않자 미군은 6.25 전쟁의 휴전이후에도 흑백분리로 돌아가지 않았다. 미군의 흑백 통합은 6.25전쟁이 미국에 가져다 준 예기치 않았던 선물이었던 셈이다.

6.25전쟁 중 군대의 흑백통합을 단행하였던 미국이 70년이 지난 지금 아직도 인종문제로 몸살을 앓고 있다. 속히 미래지향적인 차별철폐의 해결책이 나오길 기대한다. 인종문제는 이제 미국만의 문제가 아니다. 점차 다문화사회로 바뀌는 우리사회도 깊이 생각할 문제이다. 비록 전투 상황이 가져 온 변화였지만 6.25전쟁 중 미군 부대의 흑백통합은 인류의 보편적 미래 가치의 실천이었다고 볼 수 있지 않을까?

2020. 6. 11.